PONS

Sprachführer in BILDERN

Spanisch

PONS GmbH
Stuttgart

Inhalte

1 Über mich und dich — Seite 11

- Sich vorstellen
- Arbeit und Beruf
- Familiäre und soziale Beziehungen
- Hobbys und Freizeit
- Sich und andere beschreiben
- Gefühle
- Sich verständigen
- Sich vorstellen
- Sich entschuldigen
- Sich bedanken
- Smalltalk
- Einladungen und Verabredungen
- Sich verabschieden

2 Unterwegs und auf Reisen — Seite 35

- Zu Fuß und auf der Straße
- Öffentliche Verkehrsmittel
- Auf Reisen
- Im Urlaub
- Zu Hause, unterwegs und auf Reisen
- Alltagsgegenstände und Geräte
- Wegbeschreibung und räumliche Begriffe
- Das Wetter
- In der Stadt

3 Essen und Trinken — Seite 57

- Brot, Kuchen und Gebäck
- Milchprodukte und Eier
- Gewürze und Soßen
- Fleisch und Geflügel
- Fisch und Meeresfrüchte
- Getreide und Mehl
- Naschwerk
- Gemüse
- Obst
- Getränke
- Bei Tisch
- Im Restaurant
- Frühstück
- Mittagessen und Abendessen
- In der Küche

4 Einkaufen — Seite 85

- Geschäfte
- Grundlagen
- Im Supermarkt
- Im Kaufhaus
- Farben und Muster
- Eigenschaften
- Kleidung
- Größe/Anprobieren
- Sportbekleidung
- Auf dem Markt
- Drogerieartikel
- Im Haushalt
- Elektroartikel/Computer

5 Notdienste und Erste Hilfe — Seite 109

- Der Körper
- Arztbesuch
- Symptome und Krankheiten
- Behinderungen
- Verletzungen
- Im Krankenhaus
- Erste Hilfe
- Polizei & Feuerwehr
- Apotheke

6 Zahlen, Zeit, Geld, Maße und Gewichte — Seite 131

- Die Zahlen
- Die Bruchzahlen
- Maße und Gewichte
- Uhrzeit
- Weitere Zeitbegriffe
- Die Tageszeiten
- Die Woche
- Das Jahr
- Die Jahreszeiten und Wetter
- Rund ums Geld
- Die Währung
- Fragewörter
- Modal- und Hilfsverben
- Konjunktionen
- Präpositionen
- Pronomen

7 Glossar — Seite 155

- Spanisch - Deutsch

8 Glossar — Seite 179

- Deutsch - Spanisch

So arbeiten Sie effizient mit dem Sprachführer in Bildern

Liebe Leserin, lieber Leser,

Kennen Sie das? Wenn Sie ein Bild zu einem Wort sehen, bleibt das Wort viel schneller im Gedächtnis haften, als wenn es nur geschrieben dasteht. Seit Jahren wissen wir aus der Lernpsychologie, dass **Bilder, Graphiken** und **Farben** uns dabei helfen Wörter und ganze Texte schneller und besser einzuprägen. Dieses Prinzip macht sich der **PONS Sprachführer in Bildern** zunutze und präsentiert für Sie den wichtigsten Wortschatz für **Alltag** und **Reise** - nicht nur zum **Nachschlagen** und **Lesen**, sondern auch zum **Sehen** und **Hören**.

1. Wort-Bild-Zuordnungen
Prägen Sie sich den Wortschatz dank der Wort-Bild-Zuordnungen mühelos ein. Bleiben Sie nicht beim gesuchten Wort haften, sondern nehmen Sie auch die umliegenden Wörter und Bilder aus dem Themenbereich wahr, denn Wörter werden schneller gemerkt wenn man sie im Kontext lernt. Neben den reinen Wort-Bild-Zuordnungen finden Sie noch weiteren wichtigen Wortschatz aus demselben Themenfeld. Sie werden erstaunt sein, wie viel Wortschatz Sie sich in kürzester Zeit merken können.

wandern
› hacer senderismo
[aˈθer seṇdeˈrismo]

die Städtereise
› el viaje para conocer una ciudad
[ˈbjaxe ˈpara konoˈθer ˈuna θjuˈða^{ð}]

Und für den Notfall
Bilder sind eine universelle Sprache, die von allen Kulturen verstanden wird. Sollten Ihnen doch mal die Worte fehlen, zeigen Sie einfach auf das entsprechende Bild. Ob im Hotel, im Restaurant oder auf der Straße - so können Sie sich überall auf der Welt ganz ohne Sprache verständigen.

2. Die richtige Aussprache

Damit Sie jedes Wort richtig aussprechen, haben wir alle Wörter und Sätze mit einer Lautschrift versehen. Eine Übersicht über die verwendeten Lautschriftzeichen finden Sie auf Seite 8 des Buches.

Guten Tag!
› ¡Buenas!
[ˈbwenas]

Guten Morgen!
› ¡Buenos días!
[ˈbwenos ˈðias]

Guten Abend!
› ¡Buenas tardes!
[ˈbwenas ˈtarðes]

Hallo! / Grüß dich!
› ¡Hola!
[ˈola]

3. Die wichtigsten Schlüsselsätze auf einen Blick

Ob unterwegs nach dem Weg fragen oder im Restaurant nach der Rechnung: In den 6 thematisch sortierten Kapiteln finden Sie neben den reinen Wort-Bild-Zuordnungen die wichtigsten Sätze für die häufigsten Situationen. Prägen Sie sich diese Schlüsselsätze gut ein und schon haben Sie den Grundstein für eine erfolgreiche Kommunikation gelegt.

Ich hätte gerne etwas Typisches aus der Region.
› Me gustaría probar algo típico de la región.
[me ɣustaˈria proˈβar ˈalɣo ˈtipiko ðe la rreˈxjon]

Haben Sie vegetarische Gerichte/Diätkost?
› ¿Tienen platos vegetarianos/platos bajos en calorías?
[ˈtjenem ˈplatos βexetaˈrjanos/ˈplatos ˈβaxos eŋ kaloˈrias]

4. Vertonte Dialoge

Um Ihnen die Alltagssprache so nah wie möglich zu bringen, haben wir für Sie kleine Dialoge aufgenommen, wie Sie sie an jeder Straßenecke hören können. Sie erkennen die Dialoge ganz einfach an den Sprechblasen im Buch. Lesen Sie die Dialoge nicht nur durch, hören Sie sie auch an. Gehen Sie dazu auf **www.pons.de/sprachfuehrer-in-bildern**. Wählen Sie Ihre Sprache aus und laden Sie sich die MP3-Dateien für die spanischen Dialoge herunter. So prägen Sie sich die Sätze nicht nur besser ein, sondern Sie üben gleichzeitig die Aussprache und schärfen Ihr Hörverständnis für die spanische Sprache.

BEN
Entschuldigen Sie bitte, kennen Sie sich hier aus?
› Disculpe, ¿conoce la zona?

PASSANTIN
Ja, bitte?
› Sí, dígame.

BEN
Wissen Sie, wie ich zum Kunstmuseum komme?
› ¿Sabría indicarme cómo ir al museo de arte?

5. Das Wörterbuch

Und wenn es einmal einfach nur schnell gehen muss, schlagen Sie im Anhang im Wörterbuch die richtige Übersetzung nach. Dort ist jedes Stichwort aus dem Buch auf Deutsch und Spanisch in alphabetischer Reihenfolge aufgeführt und im Nu gefunden.

a [a] zu
a la derecha [a la ðeˈretʃa] rechts
a la izquierda [a la iθˈkjerða] links
a la parrilla [a la paˈrriʝa] gegrillt
a pesar de [a peˈsar ðe] trotz
a quién [a kjen] wem, wen
a través de [a traˈβes ðe] durch
a veces [a ˈβeθes] manchmal
abonar dinero [aβoˈnar ðiˈnero] Geld auszahlen

Aal, der la anguila [aŋˈgila]
ab und zu de vez en cuando [de βeθ eŋ ˈkwan̪do]
Abend, der la tarde [ˈtarðe]
abends por la(s) tarde(s) [por la(s) ˈtarðe(s)]
aber pero [ˈpero]
abfahren salir [saˈlir]
Abflug, der la salida [saˈliða]
abgelaufen caducado (-a) [kaðuˈkaðo, -a]
abgestanden sin gas ya [siŋ gas ʝa]

Viel Freude auf Ihren Reisen wünscht Ihnen

Ihre

PONS Redaktion

Die spanische Aussprache

Damit Sie jedes Wort und jeden Satz richtig aussprechen, haben wir allen Begriffen und Wendungen eine Lautschrift beigefügt. Die folgende Übersicht zeigt Ihnen, wie Sie die phonetischen Zeichen richtig aussprechen.

Zeichen	Aussprache	
	Alle Vokale sind offen und halblang und müssen deutlich ausgesprochen werden. a, e und o bilden zusammen mit i, y oder u einen Diphthong: fuego, hoy. h ist immer stumm: hora [ˈora]	
ˈ	Hauptbetonung	
ː	bedeutet, dass der vorhergehende Vokal lang gesprochen wird.	
[b,p]	weicher als im Deutschen	**b**ien [ˈbjen], **p**ie [pje]
[b]	beide werden identisch ausgesprochen; weich, zwischen den Lippen	**b**uen [ˈbwen], **v**ino [ˈbino]
[k]	wie deutsches k (ohne Hauch): vor a, o, u und vor Konsonanten	**c**asa [ˈkasa], **c**urva [ˈkurβa]
[d,t]	viel weicher als im Deutschen	**d**ía [ˈdia]
[ð]	gesprochen wie z mit der Zungenspitze zwischen den Zähnen	a**d**uana [aˈðwana]
[g]	wie deutsches g: vor a, o, u und vor Konsonanten	**g**uardia [ˈgwarðja]
[ɣ]	stimmhafter Lauf, weiter hinten gesprochen als das deutsche g	peli**g**ro [peˈliɣro]
[x]	wie deutsches ch bei Bach	a**j**o [ˈaxo]
[ʝ]	wie hartes deutsches j zwischen Vokalen	bi**ll**ete [biˈʝete]
[ɲ]	wie gn bei Champagner	niño [ˈniɲo]
[ŋ]	wie n in la**ng**, kra**nk**	bla**n**ko [ˈblaŋko]
[k]	das u ist immer stumm; wie deutsches k	por**que** [ˈporke]

[rr]	stark gerolltes Zungen-r	pe**rr**o ['perro], **r**osa ['rrosa], dolo**r** [do'lor]
[r]	leichtes Zungen-r: zwischen zwei Vokalen eines Wortes	ca**r**o ['karo], pe**r**a ['pera]
[s]	immer stimmlos, wie deutsches ss	ca**s**a ['kasa], **s**al [sal]
[θ]	stimmloser Lispellaut (stärker als englisch th): vor e, i	a ve**c**es [a 'βeθes], gra**c**ias ['graθjas]
[ʃ]	stimmloses deutsches dsch	muc**h**acho [mu'tʃatʃo]
[β]	stimmhafter Reibelaut, wird ähnlich gesprochen wie b und w zusammen	a**b**ril [a'βril]
[w]	wie w in **W**alkman	ag**u**a ['aɣwa]
Die nicht erwähnten Vokale und Konsonanten sind den deutschen sehr ähnlich.		

Die Abkürzungen im PONS Sprachführer in Bildern

Mit dieser Liste finden Sie sich im Sprachführer schnell zurecht.

f Femininum, weiblich

Inv, inv invariable, unveränderlich

m Maskulinum, männlich

n Neutrumum, sächlich

örtl. örtlich, den Ort betreffend

Ps Person

Pl, pl Plural, Mehrzahl

Sg, sg Singular, Einzahl

zeitl. zeitlich, die Zeit betreffend

Über mich und dich

Werden Sie mit diesem Kapitel fit für kurze Small Talks und lange Gespräche.

Sich vorstellen

PRESENTARSE

Stellen Sie sich mal vor: Lernen Sie sich und andere auf Spanisch kennen. Die folgenden Seiten unterstützen Sie dabei, Kontakte zu knüpfen und Freundschaften zu schließen

der Name
› el nombre completo
['nombre kom'pleto]

der erste Nachname
› el primer apellido
[pri'mer ape'ʝiðo]

das Geburtsdatum
› la fecha de nacimiento
['feʧa ðe naθi'mjen̪to]

der Vorname
› el nombre
['nombre]

der zweite Nachname
› el segundo apellido
[se'ɣun̪do ape'ʝiðo]

die Nationalität
› la nacionalidad
[naθjonali'ðaᶞ]

das Geschlecht
› el sexo
['seˠso]

männlich
› masculino (-a)
[masku'lino (-a)]

weiblich
› femenino (-a)
[feme'nino (-a)]

das Alter
› la edad
[e'ðaᶞ]

die Handynummer
› el número de móvil
['numero ðe 'moβil]

die Telefonnummer
› el número de teléfono
['numero ðe te'lefono]

die E-Mail-Adresse
› la dirección de email
[direˠ'θjon ðe i'mei̯l]

die Adresse
› la dirección postal
[direˠ'θjon pos'tal]

die Visitenkarte
› la tarjeta de visita
[tar'xeta ðe βi'sita]

Im Urlaub lernt man besonders schnell Leute kennen. Hier ein paar nützliche Sätze, um Ihre Kontaktdaten auszutauschen:

Guten Tag!
› ¡Buenas!
[ˈbwenas]

Guten Morgen!
› ¡Buenos días!
[ˈbwenos ˈðias]

Das hier ist meine Handynummer.
› Este es mi número de móvil.
[ˈeste es mi ˈnumero ðe ˈmoβil]

Wie lautet deine Telefonnummer?
› ¿Me das tu número?
[me ðas tu ˈnumero]

Hast du auch eine E-Mail-Adresse?
› ¿Tienes email también?
[ˈtjenes iˈmei̯l tamˈbjen]

Ich bin auch auf Facebook® zu finden.
› También puedes encontrarme en Facebook®.
[tamˈbjen ˈpweðes eŋkon̪ˈtrarme en ˈfei̯sbuᵏ]

Arbeit und Beruf
TRABAJO Y PROFESIÓN

arbeiten
› trabajar
[traβaˈxar]

selbstständig sein
› ser autónoma
[ser au̯ˈtonoma]

das Büro
› la oficina
[ofiˈθina]

die Fabrik
› la fábrica
[ˈfaβrika]

die Rentner *Pl*
› los jubilados
[xuβiˈlaðos]

der Schüler
› el alumno
[aˈlumno]

die Schule
› el colegio
[koˈlexjo]

die Universität
› la universidad
[uniβersiˈða^{ð}]

die Studentin
› la estudiante universitaria [estuˈðjan̩te uniβersiˈtarja]

angestellt
› empleado, -a
[empleˈaðo, -a]

das Unternehmen
› la empresa
[emˈpresa]

arbeitslos
› parado, -a
[paˈraðo, -a]

die Lehre
› la formación
[formaˈθjon]

der/die Auszubildende
› el/la aprendiz
[apren̩ˈdiθ]

Familiäre und soziale Beziehungen

RELACIONES FAMILIARES Y SOCIALES

1 die Eltern *Pl*
› los padres *Pl*
['paðres]

2 die Mutter
› la madre
['maðre]

3 der Vater
› el padre
['paðre]

4 die Kinder *Pl*
› los niños *Pl*
['niɲos]

5 die Tochter
› la hija
['ixa]

6 der Sohn
› el hijo
['ixo]

7 die Schwester
› la hermana
[er'mana]

8 der Bruder
› el hermano
[er'mano]

9 die Geschwister *Pl*
› los hermanos *Pl*
[er'manos]

1 **die Großeltern** *Pl*
› los abuelos *Pl*
[aˈβwelos]

2 **die Großmutter**
› la abuela
[aˈβwela]

3 **der Großvater**
› el abuelo
[aˈβwelo]

4 **der Enkel**
› el nieto
[ˈnjeto]

5 **die Enkelin**
› la nieta
[ˈnjeta]

Begrüßung und Vorstellung

BEN
Guten Abend!
› ¡Buenas!

TOM
Hallo!
› ¡Hola!

BEN
Wir kennen uns noch nicht, darf ich mich vorstellen? Ich bin Ben, Ninas Bruder.
› Creo que todavía no nos conocemos. Me presento: soy Ben, el hermano de Nina.

TOM
Hallo! Ich bin Tom, ein Arbeitskollege und Freund von Nina.
› ¡Hola! Yo soy Tom, compañero de trabajo y amigo de Nina.

BEN
Freut mich sehr.
› Me alegro de conocerte.

TOM
Ben, darf ich bekannt machen? Das ist meine Freundin Lisa. Sie ist auch mit Nina befreundet.
› Ben, te voy a presentar a mi novia, Lisa. También es amiga de Nina.

BEN
Hallo, grüß dich!
› Hola, ¿qué tal?

die Zwillinge *Pl*
› los gemelos *Pl*
[xe'melos]

der Stiefvater
› el padrastro
[pa'ðrastro]

die Stiefmutter
› la madrastra
[ma'ðrastra]

die Stieftochter
› la hijastra
[i'xastra]

der Stiefsohn
› el hijastro
[i'xastro]

die Patchworkfamilie
› la familia ensamblada
[fa'milja ensam'blaða]

die Tante
› la tía
['tia]

der Onkel
› el tío
['tio]

die Nichte
› la sobrina
[so'βrina]

der Neffe
› el sobrino
[so'βrino]

der Cousin
› el primo
['primo]

die Cousine
› la prima
['prima]

der Schwiegersohn
› el yerno
['ɟerno]

die Schwiegertochter
› la nuera
['nwera]

der Schwager
› el cuñado
[ku'ɲaðo]

die Schwägerin
› la cuñada
[ku'ɲaða]

die Schwiegermutter
› la suegra
['sweɣra]

der Schwiegervater
› el suegro
['sweɣro]

der (Ehe-)Mann
› el marido
[ma'riðo]

die (Ehe-)Frau
› la mujer
[mu'xer]

die Ehe
› el matrimonio
[matri'monjo]

der/die Verwandte
› el, la familiar/pariente
[fami'ljar/pa'rjeṇte]

die eingetragene Lebenspartnerschaft
› la unión civil
[u'njoṇ θi'βil]

der Freund
› el novio
['noβjo]

1 der Partner
› la pareja
[pa'rexa]

2 das Paar
› la pareja
[pa'rexa]

3 die Freundin
› la novia
['noβja]

Hobbys und Freizeit

AFICIONES Y TIEMPO LIBRE

malen
› dibujar
[diβuˈxar]

lesen
› leer
[leˈer]

tanzen
› bailar
[bai̯ˈlar]

reisen
› viajar
[bjaˈxar]

nähen
› coser
[koˈser]

fotografieren
› hacer fotos
[aˈθer ˈfotos]

die Gartenarbeit
› la jardinería
[xarðineˈria]

die Musik
› la música
[ˈmusika]

der Fußball
› el fútbol
[ˈfuðβol]

das Tennis
› el tenis
[ˈtenis]

schwimmen
› nadar
[naˈðar]

angeln
› pescar
[pesˈkar]

das Yoga
› el yoga
[ˈʝoɣa]

Ski fahren
› esquiar
[eskiˈar]

joggen
› hacer footing
[aˈθer ˈfutiŋ]

Rad fahren
› montar en bici
[mon̪ˈtar em ˈbiθi]

reiten
› montar a caballo
[mon̪ˈtar a kaˈβaʝo]

Sprachen lernen
› aprender idiomas
[apren̪ˈder iˈðjomas]

kochen
› cocinar
[koθiˈnar]

das Instrument
› el instrumento
[instruˈmen̪to]

das Computerspiel
› el juego de ordenador
[ˈxweɣo ðe orðenaˈðor]

der Sport
› el deporte
[deˈporte]

das Fitnesscenter
› el gimnasio
[ximˈnasjo]

basteln
› hacer bricolaje y manualidades
[aˈθer brikoˈlaxe i manwaliˈðaðes]

Sich und andere beschreiben

DESCRIBIRSE/DESCRIBIR A ALGUIEN

jung
› joven
[ˈxoβen]

alt
› viejo (-a)
[ˈbjexo (-a)]

der Mann
› el hombre
[ˈombre]

die Frau
› la mujer
[muˈxer]

das Baby
› el bebé
[beˈβe]

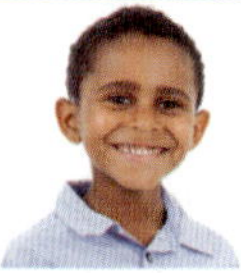

das Kind
› el niño
[ˈniɲo]

die Jugendliche
› la muchacha
[muˈʧaʧa]

sonnengebräunt
› morena (-a)
[moˈrena (-a)]

die Glatze
› la calva
[ˈkalβa]

der Bart
› la barba
[ˈbarβa]

der Schnurrbart
› el bigote
[biˈɣote]

hässlich
› feo (-a)
[ˈfeo (-a)]

1 **der Junge**
› el chico
['ʧiko]

2 **das Mädchen**
› la chica
['ʧika]

die Sommersprossen *Pl*
› las pecas *Pl*
['pekas]

grauhaarig
› canoso (-a)
[ka'noso, -a]

unrasiert
› sin afeitar
[sin afei̯'tar]

die Brille
› las gafas
['gafas]

die Größe
› la estatura
[esta'tura]

das Tattoo
› el tatuaje
[tatu'axe]

das Piercing
› el piercing
['pirsin]

die Zahnlücke
› la mella
['meɟa]

die Augenringe
› las ojeras
[o'xeras]

1 blond
› rubio
['rruβjo]

2 dunkelhaarig
› morena
[mo'rena]

3 rothaarig
› pelirroja
[peli'rroxa]

4 langhaarig
› con el pelo largo
[kon el 'pelo 'laryo]

5 kurzhaarig
› con el pelo corto
[kon el 'pelo 'korto]

6 die Locke
› el rizo
['rriθo]

groß
› alto (-a)
['al̪to, -a]

klein
› bajo (-a)
['baxo, -a]

schlank
› delgado (-a)
[del'yaðo, -a]

dick
› gordo (-a)
['gorðo, -a]

das Haar
› el pelo
['pelo]

der Pferdeschwanz
› la coleta
[ko'leta]

Gefühle
SENTIMIENTOS

1 **schlecht gelaunt**
› de mal humor
[de mal uˈmor]

2 **gut gelaunt**
› de buen humor
[de βwen uˈmor]

3 **traurig**
› triste
[ˈtriste]

die Abneigung
› el rechazo
[rreˈʧaθo]

begeistert
› entusiasmado (-a)
[en̪tusjasˈmaðo, -a]

erstaunt
› asombrado (-a)
[asomˈbraðo, -a]

erleichtert
› aliviado (-a)
[aliˈβjaðo, -a]

gelassen
› sereno (-a)
[seˈreno, -a]

enttäuscht
› decepcionado (-a)
[deθeβθjoˈnaðo, -a]

(un)zufrieden
› (des)contento
[(des)kon̪ˈten̪to]

sich ... fühlen
› sentirse...
[sen̪ˈtirse]

die Vorliebe
› la preferencia
[prefeˈren̪θja]

deprimiert
› deprimida (-a)
[depriˈmiða, -a]

zurückhaltend
› reservada (-a)
[rreserˈβaða, -a]

wütend
› furioso (-a)
[fuˈrjoso, -a]

weinen
› llorar
[ʝoˈrar]

müde
› cansado (-a)
[kanˈsaðo, -a]

gelangweilt
› aburrido (-a)
[aβuˈrriðo, -a]

eifersüchtig
› celosa (-a)
[θeˈlosa, -a]

verängstigt
› asustada (-a)
[asusˈtaða, -a]

nervös
› nerviosa (-a)
[nerˈβjosa, -a]

aufgeregt
› emocionado (-a)
[emoθjoˈnaðo, -a]

überrascht
› sorprendido (-a)
[sorpren̪ˈdiðo, -a]

schüchtern
› tímido (-a)
[ˈtimiðo, -a]

Sich verständigen
ENTENDERSE

schreien
› gritar
[gri'tar]

wiederholen
› repetir
[rrepe'tir]

aufschreiben
› apuntar
[apun̪'tar]

buchstabieren
› deletrear
[deletre'ar]

übersetzen
› traducir
[traðu'θir]

die Fremdsprache
› el idioma extranjero
[i'ðjoma estraŋ'xero]

ablehnen
› rechazar
[rretʃa'θar]

der Streit
› la pelea
[pe'lea]

sprechen
› hablar
[a'βlar]

(nicht) verstehen
› (no) entender
[(no) en̪ten̪'der]

der (die) Ausländer(in)
› el, la extranjero (-a)
[estraŋ'xero, -a]

meinen
› opinar
[opi'nar]

langsam
› despacio
[des'paθjo]

das Gespräch
› la conversación
[kombersa'θjon]

denken
› pensar
[pen'sar]

laut(er)
› (más) fuerte
[(mas) 'fwerte]

diskutieren
› discutir
[disku'tir]

sagen
› decir
[de'θir]

zustimmen
› estar de acuerdo
[esˈtar ðe aˈkwerðo]

widersprechen
› llevar la contraria
[ʝeˈβar la kon̪ˈtrarja]

betonen
› destacar
[destaˈkar]

kommentieren
› comentar
[komen̪ˈtar]

streiten
› discutir
[diskuˈtir]

bezweifeln
› dudar
[duˈðar]

bedauern
› sentir
[sen̪ˈtir]

sich einsetzen für...
› darlo todo para...
[ˈdarlo ˈtoðo ˈpara]

miteinander reden
› hablar
[aˈβlar]

Sich vorstellen

PRESENTARSE

winken
› hacer señas
[aˈθer ˈseɲas]

sich umarmen
› abrazarse
[aβraˈθarse]

sich/jdn vorstellen
› presentarse/
presentar a alguien
[presen̪ˈtarse/
presen̪ˈtar a ˈalɣjen]

Wenn Sie jemanden begrüßen möchten, können Sie folgende Formulierungen verwenden:

Guten Tag!
› ¡Buenas!
[ˈbwenas]

Guten Morgen!
› ¡Buenos días!
[ˈbwenos ˈðias]

Guten Abend!
› ¡Buenas tardes!
[ˈbwenas ˈtarðes]

Hallo! / Grüß dich!
› ¡Hola!
[ˈola]

Wie geht es Ihnen?
› ¿Cómo está usted?
[ˈkomo esˈta wsˈteð]

Wie geht's?
› ¿Qué tal?
[ke tal]

Danke. Und Ihnen/dir?
› Gracias. ¿Y usted/tú?
[ˈgraθjas i wsˈteð/tu]

Sich entschuldigen
DISCULPARSE

die Entschuldigung
› la disculpa
[disˈkulpa]

bereuen
› arrepentirse
[arrepen̩ˈtirse]

Das tut mir Leid.
› Lo siento.
[lo ˈsjen̩to]

Diese Formulierungen können Ihnen dabei helfen Missverständnisse aus der Welt zu schaffen:

Entschuldigung!
› ¡Perdón!
[perˈðon]

Das tut mir sehr Leid!
› Lo siento mucho.
[lo ˈsjen̩to ˈmutʃo]

Tut mir Leid, dass ich zu spät komme.
› Siento llegar tan tarde.
[ˈsjen̩to ʝeˈɣar tan̩ ˈtarðe]

Wie bitte?
› ¿Cómo?
[ˈkomo]

Es war nicht so gemeint.
› No era mi intención.
[no ˈera mj in̩ten̩ˈθjon]

Keine Ursache!/Macht nichts!
› No es nada/No pasa nada.
[no es ˈnaða/no ˈpasa ˈnaða]

Verzeihen Sie, aber das ist leider nicht möglich.
› Lo siento mucho, pero no va a poder ser.
[lo ˈsjen̩to ˈmutʃo ˈpero no βa a poˈðer ser]

h bedanken

AR LAS GRACIAS

sich bedanken
› dar las gracias
[dar las ˈgraθjas]

der Dank
› las gracias
[ˈgraθjas]

(jdn) um etw bitten
› pedirle algo (a alguien)
[peˈðirle ˈalɣo (a ˈalɣjen)]

Folgende Höflichkeitsfloskeln sollten Sie immer parat haben:

Bitte.
› Por favor.
[por faˈβor]

Nein, danke.
› No, gracias.
[no ˈgraθjas]

Können Sie mir bitte helfen?
› ¿Me ayuda, por favor?/¿Me podría echar una mano?
[me aˈyuða por faˈβor/me poˈðria eˈtʃar ˈuna ˈmano]

Danke, sehr gern!
› Gracias, con mucho gusto.
[ˈgraθjas kom ˈmutʃo ˈɣusto]

Bitte sehr!/Gern geschehen!
› De nada.
[de ˈnaða]

Ja, bitte.
› Sí, por favor.
[si por faˈβor]

Gestatten Sie?
› ¿Me permite?
[me perˈmite]

Danke!
› ¡Gracias!
[ˈgraθjas]

Das ist nett, danke!
› Muy amable, gracias.
[mwi aˈmaβle ˈgraθjas]

die Bitte
› el favor
[faˈβor]

Smalltalk

CONVERSACIÓN LIGERA

TOM
Was machst du beruflich, wenn ich fragen darf?
› ¿A qué te dedicas, si no es mucho preguntar?

BEN
Ich bin Architekt.
› Soy arquitecto.

TOM
Wirklich? Sehr interessant! Und wo lebst du?
› ¿En serio? ¡Qué interesante! ¿Y dónde vives?

BEN
In Hamburg.
› En Hamburgo.

TOM
Was machst du in deiner Freizeit? Hast du ein Hobby?
› Y en tu tiempo libre, ¿a qué te dedicas? ¿Cuáles son tus aficiones?

BEN
Ich male ein wenig und reise sehr viel. Und ihr?
› Dibujo de vez en cuando y viajo mucho. ¿Y vosotros?

TOM
Lisa und ich gehen zusammen joggen, und ich spiele Fußball.
› Lisa y yo salimos juntos a hacer footing. Y también juego al fútbol.

gut
› bueno (-a)
['bweno, -a]

köstlich
› rico (-a)
['rriko, -a]

lecker
› riquísimo (-a)
[rri'kisimo, -a]

ausgezeichnet
› excelente
[esθe'lente]

das Kompliment
› el cumplido
[kum'pliðo]

schön
› bien
['bjen]

Um im Gespräch Ihre Meinung auszudrücken, können Sie folgende Formulierungen verwenden:

Gut.
› Bien.
['bjen]

Richtig.
› Correcto.
[ko'rrekto]

Einverstanden!/Abgemacht!
› ¡De acuerdo!/¡Trato hecho!
[de a'kwerðo/'trato 'etʃo]

Geht in Ordnung!/Okay!
› ¡Está bien!/¡Vale!
[es'ta βjen/'bale]

Genau.
› Exacto.
[eɣ'sakto]

Ach so, ich verstehe!
› ¡Ah!
[a]

Wie schön!
› ¡Qué bien!
[ke βjen]

Ganz Ihrer Meinung.
› Estoy totalmente de acuerdo con usted.
[es'toi̯ total'mente ðe a'kwerðo kon us'teð]

Das finde ich (sehr) gut.
› Me parece (muy) bien.
[me pa'reθe (mwi) βjen]

Ich verstehe.
› Entiendo.
[en̪'tjen̪do]

Das stimmt.
› Es verdad.
[es ber'ðað]

Mit Vergnügen!
› ¡Encantado/a!
[eŋkan̪'taðo, -a]

Um zu widersprechen, können die folgenden Sätze verwendet werden:

Ich will nicht.
› No quiero.
[no 'kjero]

Damit bin ich nicht einverstanden.
› No me parece bien.
[no me pa'reθe βjen]

Auf gar keinen Fall!
› ¡Ni en broma!
[nj em 'broma]

Das gefällt mir gar nicht.
› Eso no me gusta nada.
['eso no me 'ɣusta 'naða]

Am liebsten wäre mir ...
› Lo que a mí me gustaría sería...
[lo ke a mi me ɣusta'ria se'ria]

Dazu habe ich keine Lust.
› No me apetece.
[no me ape'teθe]

Das kommt nicht in Frage!
› Eso ni me lo planteo.
['eso ni me lo plan̪'teo]

Ohne mich!
› No cuentes/contéis conmigo.
[no 'kwen̪tes/kon̪'tejs kom'miɣo]

Ich möchte lieber ...
› Prefiero...
[pre'fjero]

Einladungen und Verabredungen

INVITACIONES Y ENCUENTROS

das Café
› la cafetería
[kafete'ria]

das Kino
› el cine
['θine]

das Theater
› el teatro
[te'atro]

das Ballett
› el ballet
[ba'le]

das Konzert
› el concierto
[koņ'θjerto]

die Bar
› el pub
[pa$^{\beta}$]

das Date
› la cita
['θita]

tanzen gehen
› ir a bailar
[ir a βai̯'lar]

chillen
› relajarse
[rrela'xarse]

einladen
› invitar
[imbi'tar]

feiern
› celebrar
[θele'βrar]

ausgehen
› salir
[sa'lir]

sich verabreden
› quedar
[ke'ðar]

sich treffen
› encontrarse
[eŋkoṇ'trarse]

das Fest
› la fiesta
['fjesta]

die Party
› la fiesta
['fjesta]

der Film
› la película
[pe'likula]

die Oper
› la ópera
['opera]

das Musical
› el musical
[musi'kal]

das Essen
› la comida
[ko'miða]

essen gehen
› ir a comer
[ir a ko'mer]

das Restaurant
› el restaurante
[rrestau̯'raṇte]

die Kneipe
› el bar
[bar]

flirten
› ligar
[li'ɣar]

Sich verabschieden

DESPEDIRSE

Wenn Sie sich verabschieden wollen, sind folgende Formulierungen hilfreich:

Auf Wiedersehen!
› ¡Hasta otra!
['asta 'otra]

Bis später!
› ¡Hasta luego!
['asta 'lweɣo]

Bis morgen!
› ¡Hasta mañana!
['asta ma'ɲana]

Mach's gut!
› ¡Que vaya bien!
[ke 'βaya βjen]

Gute Nacht!
› ¡Buenas noches!
['bwenas 'notʃes]

Tschüs!
› ¡Adiós!
[a'ðjos]

Bis bald!
› ¡Hasta pronto!
['asta 'proṇto]

Unterwegs und auf Reisen

Die beste Sprachschule ist der direkte Austausch. Starten Sie gut vorbereitet in Ihren nächsten Urlaub und finden Sie auch vor Ort die richtigen Worte.

Zu Fuß und auf der Straße

ANDANDO Y POR LA CALLE

Fahren Sie fort. So erreichen Sie Ihr Ziel direkt und ohne Umwege – ob kulturelle Veranstaltungen oder touristische Attraktionen. Mit dem folgenden Wortschatz bleiben Sie nicht auf der Strecke.

Wegbeschreibung

BEN
Entschuldigen Sie bitte, kennen Sie sich hier aus?
› Disculpe, ¿conoce la zona?

PASSANTIN
Ja, bitte?
› Sí, dígame.

BEN
Wissen Sie, wie ich zum Kunstmuseum komme?
› ¿Sabría indicarme cómo ir al museo de arte?

PASSANTIN
Ja sicher. Gehen Sie zuerst geradeaus diese Straße entlang ...
› Sí, claro. Primero, siga todo recto por esta calle...

BEN
Ja, und dann?
› Muy bien, ¿y después?

PASSANTIN
Dann biegen Sie bei der zweiten Ampel rechts ab. Ab da folgen Sie den Schildern.
› Luego gire a la derecha en el segundo semáforo. A partir de ahí ya solo tiene que seguir los letreros.

BEN
Wie weit ist das?
› ¿Y cómo de lejos está?

PASSANTIN
Es ist ganz in der Nähe.
› Está muy cerca.

BEN
Vielen Dank.
› Muchas gracias.

laufen
› correr
[koˈrrer]

gehen
› andar
[an̪ˈdar]

der Fußgänger
› el peatón
[peaˈton]

der Gehweg
› la acera
[aˈθera]

das Fahrrad
› la bicicleta
[biθiˈkleta]

der Fahrradhelm
› el casco
[ˈkasko]

das Auto
› el coche
[ˈkoʧe]

fahren
› ir en coche
[ir eŋ ˈkoʧe]

der Führerschein
› el carné de conducir
[karˈne ðe kon̪duˈθir]

der Lastwagen
› el camión
[kaˈmjon]

der Wohnwagen
› la caravana
[karaˈβana]

das Motorrad
› la moto
[ˈmoto]

der Weg
› el camino
[kaˈmino]

die Raststätte
› el área de servicio
[ˈarea ðe serˈβiθjo]

die Straße
› la calle
[ˈkaɟe]

die Kreuzung
› el cruce
[ˈkruθe]

1 **die Fahrbahn**
› el carril
[kaˈrril]

2 **die Autobahn**
› la autopista
[au̯toˈpista]

3 **die Kurve**
› la curva
[ˈkurβa]

4 **der Verkehr**
› el tráfico
[ˈtrafiko]

5 **der Tunnel**
› el túnel
[ˈtunel]

6 **die Ampel**
› el semáforo
[seˈmaforo]

der Fahrradweg
› el carril bici
[kaˈrril ˈbiθi]

der Zebrastreifen
› el paso de cebra
[ˈpaso ðe ˈθebra]

der Kreisverkehr
› la rotonda
[rroˈton̪da]

die Baustelle
› la obra
[ˈoβra]

der Parkplatz
› el aparcamiento
[aparkaˈmjen̪to]

der Strafzettel
› la multa
[ˈmul̪ta]

die Landstraße
› la carretera nacional
[karreˈtera naθjoˈnal]

der Stau
› el atasco
[aˈtasko]

das Verkehrsschild
› la señal de tráfico
[seˈɲal ðe ˈtrafiko]

parken
› aparcar
[aparˈkar]

das Parkhaus
› el parking
[ˈparkiŋ]

der Diesel
› el gasoil
[gaˈsoi̯l]

die Tankstelle
› la gasolinera
[gasoliˈnera]

tanken
› echar gasolina
[eˈʧar gasoˈlina]

das Benzin
› la gasolina
[gasoˈlina]

das Halteverbot
› el estacionamiento prohibido
[estaθjonaˈmjen̪to proi̯ˈβiðo]

Öffentliche Verkehrsmittel
TRANSPORTE PÚBLICO

der Bus
› el autobús
[au̯toˈβus]

die U-Bahn
› el metro
[ˈmetro]

der Fahrplan
› los horarios *Pl*
[oˈrarjos]

die Fahrkarte
› el billete
[biˈʝete]

die Verspätung
› el retraso
[rreˈtraso]

das Taxi
› el taxi
[ˈtaˠsi]

der Bahnhof
› la estación de tren
[estaˈθjon ðe tren]

der Zug
› el tren
[tren]

das Gleis
› el andén
[an̪ˈden]

die S-Bahn
› el tranvía
[tramˈbia]

die Haltestelle
› la parada
[paˈraða]

abfahren
› salir
[saˈlir]

ankommen
› llegar
[ʝeˈɣar]

umsteigen
› hacer transbordo
[aˈθer tra(n)sˈβorðo]

der Fahrkartenautomat
› la máquina (expendedora de billetes)
[ˈmakina (espen̪ deˈðora ðe biˈʝetes)]

die 1./2. Klasse
› la 1ª/2ª clase
[pri'mera/se'ɣunda 'klase]

der Anschluss
› la conexión
[koneɣ'sjon]

das Abteil
› el compartimento
[komparti'mento]

reservieren *(Sitzplatz)*
› reservar (asiento)
[rreser'βar (a'sjento)]

der Schaffner
› el revisor
[rreβi'sor]

Wenn Sie mit Bus und Bahn unterwegs sind, können Ihnen die folgenden Fragen und Sätze weiterhelfen:

Bitte, wo ist die nächste Bushaltestelle/Straßenbahnhaltestelle/ U-Bahnstation?
› Disculpe, ¿dónde está la parada de autobús/estación de tranvía/ estación de metro más cercana?
[dis'kulpe 'donde es'ta la pa'raða ðe auto'βus/esta'θjon ðe tram'bia/ esta'θjon ðe 'metro mas θer'kana]

Welche Linie fährt nach ...?
› ¿Qué línea va a...?
[ke 'linea βa a]

Wann fährt die erste/letzte U-Bahn nach ...?
› ¿A qué hora pasa el primer/último metro a...?
[a ke 'ora 'pasa el pri'mer/'ultimo 'metro a]

Entschuldigen Sie, ist dies der Bus nach ...?
› Disculpe, ¿sabe si este autobús va a...?
[dis'kulpe 'saβe sj 'este awto'βus βa a]

Wie viele Haltestellen sind es?
› ¿Cuántas paradas son?
['kwantas pa'raðas son]

Entschuldigen Sie, wo muss ich aussteigen/umsteigen?
› Disculpe, ¿dónde tengo que bajarme/hacer el cambio?
[dis'kulpe 'donde 'teŋgo ke βa'xarme/a'θer el 'kambjo]

Gibt es Tageskarten/Wochenkarten/Touristentickets?
› ¿Hay bonos diarios/semanales/turísticos?
[ai 'βonos 'ðjarjos/sema'nales/tu'ristikos]

Bitte, einen Fahrschein nach ...
› Hola, un billete a...
['ola um bi'ʝete a]

Der Automat nimmt keine Geldscheine an.
› La máquina solo coge monedas.
[la 'makina 'solo 'koxe mo'neðas]

Auf Reisen
DE VIAJE

der Flughafen
› el aeropuerto
[aero'pwerto]

das Flugzeug
› el avión
[a'βjon]

fliegen
› volar
[bo'lar]

das Ticket
› el billete
[bi'ʝete]

das Gepäck
› el equipaje
[eki'paxe]

die Sicherheitskontrolle
› el control de seguridad
[koṇ'trol de seɣuri'ða^{ð}]

die Flugbegleiterin
› la azafata
[aθa'fata]

der Pilot
› el piloto
[pi'loto]

landen
› aterrizar
[aterri'θar]

starten
› despegar
[despe'ɣar]

die Ankunft
› la llegada
[ʝe'ɣaða]

der Abflug
› la salida
[sa'liða]

einchecken
› embarcar
[embar'kar]

das Gate
› la puerta
['pwerta]

die Einreise
› la entrada
[eṇ'traða]

der Ausweis
› el carné
[kar'ne]

der Zoll
› la aduana
[a'ðwana]

die Ferien *Pl*
› las vacaciones *Pl*
[baka'θjones]

die Pension
› la pensión
[pen'sjon]

reservieren
› reservar
[rreser'βar]

buchen
› reservar, contratar
[rreser'βar, kon̪tra'tar]

das Einzelzimmer
› la habitación individual
[aβita'θjon in̪diβi'ðwal]

die Ferienwohnung
› el apartamento turístico
[aparta'men̪to tu'ristiko]

das Hotel
› el hotel
[o'tel]

die Vollpension
› la pensión completa
[pen'sjon kom'pleta]

die Halbpension
› la media pensión
['meðja pen'sjon]

das Schiff
› el barco
['barko]

die Kreuzfahrt
› el crucero
[kru'θero]

die Kabine
› la cabina
[ka'βina]

das Doppelzimmer
› la habitación doble
[aβita'θjon̪ 'doβle]

der Reisepass
› el pasaporte
[pasa'porte]

die Bordkarte
› la tarjeta de embarque
[tar'xeta ðe em'barke]

Im Urlaub

DE VACACIONES

Ankunft

HERR NEU
Guten Tag. Haben Sie noch ein Zimmer frei?
› Buenas tardes. ¿Tiene alguna habitación disponible?

REZEPTIONISTIN
Was für ein Zimmer wünschen Sie? Ein Einzelzimmer?
› ¿Qué tipo de habitación sería, una individual?

HERR NEU
Nein, ich hätte gern ein Doppelzimmer.
› No, sería una doble.

REZEPTIONISTIN
Gut ... für wie lange?
› Muy bien, ¿para cuántas noches?

HERR NEU
Für eine Nacht.
› Para una noche.

REZEPTIONISTIN
Also ... ich könnte Ihnen ein Doppelzimmer mit Dusche und WC anbieten.
› A ver... Le puedo ofrecer una habitación doble con aseo y ducha.

HERR NEU
Ist das Frühstück inklusive?
› ¿El desayuno está incluido?

REZEPTIONISTIN
Nein, leider nicht, das Frühstück kostet extra.
› No, lo siento, el desayuno se paga aparte.

das Wohnmobil
› la autocaravana
[au̯tokara'βana]

zelten
› acampar
[akam'par]

der Strand
› la playa
['plaʝa]

das Meer
› el mar
[mar]

sich sonnen
› tomar el sol
[to'mar el sol]

das Gebirge
› la montaña
[mon̪'taɲa]

wandern
› hacer senderismo
[a'θer sen̪de'rismo]

die Städtereise
› el viaje para conocer una ciudad
['bjaxe 'para kono'θer 'una θju'ðað]

die Touristeninformation
› la información turística
[iɱforma'θjon tu'ristika]

das Zelt
› la tienda (de campaña)
['tjen̪da (ðe kam'paɲa)]

der Campingplatz
› el camping
['kampiŋ]

die Sehenswürdigkeit
› el monumento
[monu'men̪to]

Folgende Fragen können sich beim Aufenthalt im Hotel ergeben:

Ab wann gibt es Frühstück?
> ¿A partir de qué hora es el desayuno?
[a par'tir ðe ke 'ora es el desa'ɟuno]

Wo ist der Speisesaal/der Frühstücksraum?
> ¿Dónde está el comedor/la sala de desayuno?
['doṇde es'ta el kome'ðor/la 'sala ðe ðesa'ɟuno]

Gibt es Internetanschluss/Fernsehen im Zimmer?
> ¿Hay internet/televisor en la habitación?
[ai iṇter'net/teleβi'sor en la aβita'θjon]

Haben Sie WLAN?
> ¿Hay wifi?
[ai 'ujfi]

Können wir unser Gepäck dann noch hier lassen?
> ¿Podemos dejar aquí el equipaje?
[po'ðemos ðe'xar a'ki el eki'paxe]

Bis wann müssen wir das Zimmer räumen?
> ¿A qué hora tenemos que dejar libre la habitación?
[a ke 'ora te'nemos ke ðe'xar 'liβre la aβita'θjon]

Könnten Sie bitte die Rechnung fertig machen?
> ¿Podría hacerme una factura?
[po'ðria a'θerme 'wna fak'tura]

Vielen Dank für alles! Auf Wiedersehen!
> ¡Muchas gracias por todo, hasta luego!
['mutʃas 'ɣraθjas por 'toðo 'asta 'lweɣo]

Zu Hause, unterwegs und auf Reisen

EN CASA, POR LA CALLE Y DE VIAJE

das Haus
› la casa
[ˈkasa]

die Tür
› la puerta
[ˈpwerta]

die Treppe
› la escalera
[eskaˈlera]

der Aufzug
› el ascensor
[asθenˈsor]

der Schlüssel
› la llave
[ˈʝaβe]

klingeln
› tocar (al timbre)
[toˈkar (al ˈtimbre)]

der Briefkasten
› el buzón
[buˈθon]

der Flur
› el pasillo
[paˈsiʝo]

das Treppenhaus
› las escaleras (del portal) *Pl* [eskaˈleras (ðel porˈtal)]

wohnen
› vivir
[biˈβir]

der Rollladen
› la persiana
[perˈsjana]

das Erdgeschoss
› el bajo
[ˈbaxo]

die Wohnung
› el piso
[ˈpiso]

das Dach
› el techo
[ˈteʧo]

die Klingel
› el timbre
[ˈtimbre]

das Fenster
› la ventana
[ben̪ˈtana]

das Stockwerk
› la planta
[ˈplan̪ta]

1 der Sessel
› el sillón
[siˈʝon]

2 das Sofa
› el sofá
[soˈfa]

3 der Tisch
› la mesa
[ˈmesa]

4 die Lampe
› la lámpara
[ˈlampara]

5 das Regal
› la estantería
[estan̪teˈria]

6 der Stuhl
› la silla
[ˈsiʝa]

der Teppich
› la alfombra
[alˈfombra]

die Fliese
› la baldosa
[bal̪ˈdosa]

das Parkett
› el parqué
[parˈke]

der Vorhang
› la cortina
[korˈtina]

die Heizung
› el radiador
[rraðjaˈðor]

die Küche
› la cocina
[koˈθina]

das Zimmer
› la habitación
[aβitaˈθjon]

das Badezimmer
› el cuarto de baño
[ˈkwarto ðe ˈbaɲo]

die Badewanne
› la bañera
[baˈɲera]

das Waschbecken
› el lavabo
[laˈβaβo]

der Wasserhahn
› el grifo
[ˈgrifo]

die Klobürste
› la escobilla
[eskoˈβiʝa]

das Handtuch
› la toalla
[toˈaʝa]

der Spiegel
› el espejo
[esˈpexo]

das Bett
› la cama
[ˈkama]

das Wohnzimmer
› el salón
[saˈlon]

das Esszimmer
› el comedor
[komeˈðor]

das Kissen
› la almohada
[alˈmoaða]

das Laken
› la sábana
[ˈsaβana]

die Bettdecke
› el edredón
[eðreˈðon]

der Nachttisch
› la mesita de noche
[meˈsita ðeˈnoʧe]

der Schrank
› el armario
[arˈmarjo]

die Toilette
› el váter
[ˈbater]

die Dusche
› la ducha
[ˈduʧa]

das Schlafzimmer
› el dormitorio
[dormiˈtorjo]

das Kinderbett
› la cama infantil
[ˈkama iɱfaṇˈtil]

der Wickeltisch
› el cambiador
[kambjaˈðor]

der Schreibtisch
› el escritorio
[eskriˈtorjo]

der Mülleimer
› el cubo de basura
[ˈkuβo ðe βaˈsura]

(die Wäsche) waschen
› lavar (la ropa)
[laˈβar (la ˈrropa)]

die Waschmaschine
› la lavadora
[laβaˈðora]

der Hochstuhl
› la trona
[ˈtrona]

das Kinderzimmer
› el cuarto de los niños
[ˈkwarto ðe los ˈniɲos]

das Arbeitszimmer
› el cuarto de trabajo
[ˈkwarto ðe traˈβaxo]

tippen
› teclear
[tekleˈar]

schreiben
› escribir
[eskriˈβir]

das Telefon
› el teléfono
[teˈlefono]

der Wäscheständer
› el tendedero
[tende'ðero]

der Keller
› el sótano
['sotano]

das Dachgeschoss
› el ático
['atiko]

die Garage
› el garaje, la cochera
[ga'raxe, ko'ʧera]

der Balkon
› el balcón
[bal'kon]

der Sonnenschirm
› la sombrilla
[som'briʝa]

die Terrasse
› la terraza
[te'rraθa]

der Liegestuhl
› la tumbona
[tum'bona]

der Baum
› el árbol
['arβol]

gießen
› regar
[rre'ɣar]

der Zaun
› la cerca
['θerka]

der Trockner
› la secadora
[seka'ðora]

1 **der Garten**
› el jardín
[xar'ðin]

2 **der Rasen**
› el césped
['θespeᵟ]

3 **der Rasenmäher**
› el cortacésped
[korta'θespeᵟ]

4 **Rasen mähen**
› cortar el césped
[kor'tar el 'θespeᵟ]

5 **das Beet**
› el arriate
[arri'ate]

6 **die Hecke**
› el seto
['seto]

Alltagsgegenstände und Geräte

OBJETOS COTIDIANOS Y APARATOS

saugen
› pasar la aspiradora
[pa'sar la aspira'ðora]

putzen
› limpiar
[lim'pjar]

schrauben
› atornillar
[atorni'ɟar]

der Bohrer
› el taladro
[ta'laðro]

bohren
› taladrar
[tala'ðrar]

der Akkuschrauber
› el destornillador eléctrico
[destorniʎa'ðor e'lekʲtriko]

die Säge
› la sierra
['sjerra]

sägen
› serrar
[se'rrar]

die Leiter
› la escalera
[eska'lera]

die Sicherung
› el fusible
[fu'siβle]

die Steckdose
› el enchufe
[en'ʧufe]

das Verlängerungskabel
› la alargadera
[alarɣa'ðera]

der Fernseher
› el televisor
[teleβiˈsor]

das Radio
› la radio
[ˈrraðjo]

der Staubsauger
› la aspiradora
[aspiraˈðora]

wischen
› fregar
[freˈɣar]

der Handfeger
› el cepillo
[θeˈpiʝo]

die Kehrschaufel
› el recogedor
[rrekoxeˈðor]

der Besen
› la escoba
[esˈkoβa]

kehren
› barrer
[baˈrrer]

das Bügelbrett
› la tabla de planchar
[ˈtaβla ðe planˈʧar]

das Bügeleisen
› la plancha
[ˈplanʧa]

bügeln
› planchar
[planˈʧar]

der Bügel
› la percha
[ˈperʧa]

twittern
› tuitear
[tujteˈar]

der Tweet
› el tuit
[tujt]

googeln
› guglear
[guɣleˈar]

die Sozialen Medien *Pl*
› las redes sociales *Pl*
[ˈrreðes soˈθjales]

die SMS
› el SMS
[eseˈmese]

der Computer
› el ordenador
[orðenaˈðor]

das Werkzeug
› la herramienta
[erraˈmjeṇta]

der Hammer
› el martillo
[marˈtiʝo]

hämmern
› dar martillazos
[dar martiˈʝaθos]

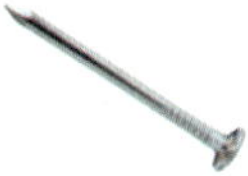

der Nagel
› el clavo
[ˈklaβo]

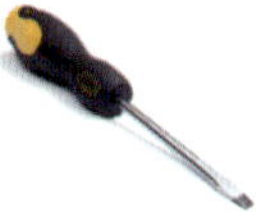

der Schraubenzieher
› el destornillador
[destorniʝaˈðor]

die Schraube
› el tornillo
[torˈniʝo]

die Kombizange
› los alicates *Pl*
[aliˈkates]

die Webcam
› la cámara web
[ˈkamara we$^{\beta}$]

streamen
› hacer streaming
[aˈθer esˈtrimiŋ]

das Tablet
› la tablet
[ˈtaβlet]

simsen
› mensajear
[mensaxeˈar]

telefonieren
› hablar por teléfono
[aˈβlar por teˈlefono]

Wegbeschreibung und räumliche Begriffe

INDICACIONES Y REFERENCIAS ESPACIALES

1 **rechts**
› a la derecha
[a la ðeˈreʧa]

2 **links**
› a la izquierda
[a la iθˈkjerða]

3 **geradeaus**
› hacia adelante
[ˈaθja aðeˈlan̩te]

nah
› cerca
[ˈθerka]

vor
› delante de
[deˈlan̩te ðe]

neben
› al lado de
[al ˈlaðo ðe]

das Schild
› el cartel
[karˈtel]

die Mitte
› el centro
[ˈθen̩tro]

weit entfernt
› lejos
[ˈlexos]

oben
› encima
[en̩ˈθima]

unten
› debajo
[deˈβaxo]

hinter
› detrás
[deˈtras]

Das Wetter
EL TIEMPO

der Nebel
› la niebla
[ˈnjeβla]

der Sonnenschein
› la luz del sol
[luθ del sol]

die Temperatur
› la temperatura
[temperaˈtura]

heiß
› caluroso (-a)
[kaluˈroso, -a]

warm
› cálido (-a)
[ˈkaliðo, -a]

kalt
› frío (-a)
[ˈfrio, -a]

der Regen
› la lluvia
[ˈɟuβja]

windig
› ventoso (-a)
[beṇˈtoso, -a]

der Sturm
› el temporal
[tempoˈral]

das Gewitter
› la tormenta
[torˈmeṇta]

der Blitz
› el rayo
[ˈrraɟo]

der Schnee
› la nieve
[ˈnjeβe]

In der Stadt
EN LA CIUDAD

die Stadt
› la ciudad
[θju'ðaᵈ]

der Stadtteil
› el barrio
['barrjo]

der Turm
› la torre
['torre]

das Rathaus
› el ayuntamiento
[aʝuṇta'mjeṇto]

der Spielplatz
› el parque
['parke]

das Museum
› el museo
[mu'seo]

die Ruine
› las ruinas *Pl*
['rrwinas]

die Innenstadt
› el centro
['θeṇtro]

die Altstadt
› el casco antiguo
['kasko aṇ'tiɣwo]

das Hochhaus
› el edificio alto
[eði'fiθjo 'alto]

die Bibliothek
› la biblioteca
[biβljo'teka]

das Schwimmbad
› la piscina
[pis'θina]

die Kirche
› la iglesia
[i'ɣlesja]

das Denkmal
› el monumento
[monu'meṇto]

die Fußgängerzone
› la zona peatonal
['θona peato'nal]

das Dorf
› el pueblo
['pweβlo]

der Platz
› la plaza
['plaθa]

der Friedhof
› el cementerio
[θemeṇ'terjo]

die Brücke
› el puente
['pweṇte]

der Zoo
› el zoo
[θo]

Essen und Trinken

Hausmannskost oder Restaurantbesuch: Die folgenden Seiten servieren Ihnen alle wichtigen Begriffe rund um Nahrungsmittel und Getränke.

Brot, Kuchen und Gebäck

PANES, PASTELES Y GALLETAS

Stillen Sie Ihren Wissensdurst. Lernen Sie, Ihre sprachliche Reise auch kulinarisch fortzusetzen und wortlose Durststrecken zu vermeiden.

das dunkle Brot
› el pan negro
[pan ˈneɣro]

das helle Brot
› el pan blanco
[pam ˈblaŋko]

die Scheibe (Brot)
› la rodaja (de pan)
[rroˈðaxa (ðe pan)]

der Laib
› la hogaza
[oˈɣaθa]

das Brötchen (klein)
› el panecillo
[paneˈθiʝo]

das Brötchen (größer und länglich)
› el bollo
[ˈboʝo]

das Croissant
› el cruasán
[krwaˈsan]

das Baguette
› la barra (de pan)
[ˈbarra (ðe pan)]

der Keks
› la galleta
[gaˈʝeta]

der Muffin
› la madalena
[maðaˈlena]

der Kuchen
› el pastel
[pasˈtel]

selbst gebacken
› casero (a)
[kaˈsero, -a]

Milchprodukte und Eier
LÁCTEOS Y HUEVOS

die Milch
› la leche
['leʧe]

der/das Joghurt
› el yogur
[ɟʝo'ɣur]

die Sahne
› la nata
['nata]

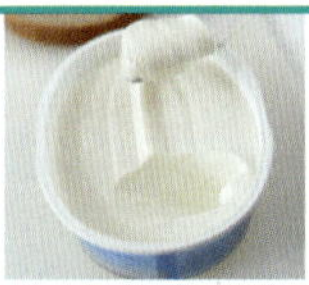

der Frischkäse
› el queso fresco
['keso 'fresko]

der gereifte Käse
› el queso curado
['keso ku'raðo]

die Butter
› la mantequilla
[maṇte'kiʝa]

das Ei
› el huevo
['weβo]

ohne Eier
› sin huevo
[sin 'weβo]

laktosefrei
› sin lactosa
[sin lak'tosa]

fettarm
› desnatado (-a)
[desna'taðo, -a]

die Margarine
› la margarina
[marɣa'rina]

der Schmierkäse
› el queso de untar
['keso ðe wṇ'tar]

anmachen (Salat)
› aliñar (la ensalada)
[ali'ɲar (la ensa'laða]

Gewürze und Soßen
ESPECIAS Y SALSAS

der Pfeffer
› la pimienta
[piˈmjen̩ta]

die Gewürze *Pl*
› las especias *Pl*
[esˈpeθjas]

würzen
› condimentar
[kon̩dimen̩ˈtar]

das Öl
› el aceite
[aˈθei̯te]

der Essig
› el vinagre
[biˈnaɣre]

das Salz
› la sal
[sal]

1 **der/das Ketchup**
› el kétchup
[ˈkeᵗʧup]

2 **der Senf**
› la mostaza
[mosˈtaθa]

3 **die Mayonnaise**
› la mayonesa
[maʝoˈnesa]

Fleisch und Geflügel

CARNES Y AVES

das Rindfleisch
› la carne de vacuno
[ˈkarne ðe βaˈkuno]

das Kalbfleisch
› la ternera
[terˈnera]

das Schweinefleisch
› el cerdo
[ˈθerðo]

das Lammfleisch
› el cordero
[korˈðero]

die Salami
› el salchichón
[salʧiˈʧon]

der Schinken
› el jamón york
[xaˈmoɲ ɟork]

das Kaninchen
› el conejo
[koˈnexo]

das Zicklein
› el choto
[ˈʧoto]

der Serrano Schinken
› el jamón serrano
[xaˈmoɲ seˈrrano]

das Hähnchen
› el pollo
[ˈpoɟo]

das Würstchen
› la salchicha
[salˈʧiʧa]

fett *(fettes Fleisch)*
› graso (-a) (carne grasa)
[ˈgraso, -a (ˈkarne ˈɣrasa)]

mager *(mageres Fleisch)*
› magro (-a) (carne magra)
[ˈmaɣro, -a (ˈkarne ˈmaɣra)]

die Wurst *(Aufschnitt)*
› el embutido
[embuˈtiðo]

Fisch und Meeresfrüchte

PESCADO Y MARISCO

das Fischfilet
› el filete de pescado
[fi'lete ðe pes'kaðo]

die Anschovis (frisch) *Pl*
› los boquerones *Pl*
[boke'rones]

die Anschovis *Pl*
› las anchoas *Pl*
[an'ʧoas]

die Sardinen *Pl*
› las sardinas *Pl*
[sar'ðinas]

die Dorade
› la dorada
[do'raða]

die Auster
› la ostra
['ostra]

die Venusmuscheln *Pl*
› las almejas *Pl*
[al'mexas]

der Lachs
› el salmón
[sal'mon]

der Hechtdorsch
› la merluza
[mer'luθa]

die Miesmuscheln *Pl*
› los mejillones *Pl*
[mexi'ʝones]

die Forelle
› la trucha
['truʧa]

die Makrele
› la caballa
[ka'βaʝa]

der Krebs
› el cangrejo
[kaŋˈgrexo]

die Garnele
› la gamba
[ˈgamba]

der Kabeljau
› el bacalao
[bakaˈlao]

Getreide und Mehl
CEREALES Y PASTAS

1 **die Nudeln** *Pl*
› la pasta
[ˈpasta]

2 **die Penne** *Pl*
› los macarrones *Pl*
[makaˈrrones]

3 **die Rigatoni** *Pl*
› los macarrones finos *Pl*
[makaˈrrones ˈfinos]

4 **die Tagliatelle** *Pl*
› los tallarines *Pl*
[taʝaˈrines]

5 **die Fusilli** *Pl*
› las espirales *Pl*
[espiˈrales]

6 **die Farfalle** *Pl*
› los lacitos *Pl*
[ˈlaθitos]

die Hefe
› la levadura
[leβaˈðura]

das Mehl
› la harina
[aˈrina]

die Lasagne
› la lasaña
[laˈsaɲa]

glutenfrei
› sin gluten
[sin ˈgluten]

die Spaghetti *Pl*
› los espaguetis *Pl*
[espaˈɣetis]

der Reis
› el arroz
[aˈrroθ]

Wenn Sie ein Restaurant suchen oder einen Tisch bestellen möchten, können Sie dies folgendermaßen formulieren:

Wo gibt es hier ein gutes Restaurant?
› ¿Hay por aquí algún restaurante que esté bien?
[ai̯ por aˈki alˈɣun rrestau̯ˈrante ke esˈte βjen]

Wo kann man hier in der Nähe preiswert essen?
› ¿Hay por aquí algún sitio económico para comer?
[ai̯ por aˈki alˈɣun ˈsitjo ekoˈnomiko ˈpara koˈmer]

Ich möchte für heute Abend einen Tisch für vier Personen reservieren.
› Quisiera reservar para esta noche una mesa para cuatro.
[kiˈsiera rreserˈβar ˈpara ˈesta ˈnoʧe ˈuna ˈmesa ˈpara ˈkwatro]

Ich habe einen Tisch für acht Uhr reserviert.
› Tengo reservada una mesa para las ocho.
[ˈteŋgo rreserˈβaða ˈwna ˈmesa ˈpara las ˈoʧo]

Ist dieser Tisch noch frei?
› ¿Esta mesa está libre?
[ˈesta ˈmesa esˈta ˈliβre]

Einen Tisch für zwei Personen, bitte.
› Por favor, una mesa para dos.
[por faˈβor ˈuna ˈmesa ˈpara ðos]

Naschwerk

DULCES Y GOLOSINAS

die Schokolade
› el chocolate
[ʧokoˈlate]

die Praline
› el bombón
[bomˈbon]

der/das Kaugummi
› el chicle
[ˈʧikle]

das Eis
› el helado
[eˈlaðo]

zuckerfrei
› sin azúcar
[sin aˈθukar]

der Schokoriegel
› la chocolatina
[ʧokolaˈtina]

die Schlagsahne
› la nata montada
[ˈnata mon̪ˈtaða]

das Knabbergebäck
› los aperitivos salados *Pl*
[aperiˈtiβos saˈlaðos]

die Chips *Pl*
› las patatillas *Pl*
[pataˈtiʝas]

die Salzstangen *Pl*
› los palitos salados *Pl*
[paˈlitos saˈlaðos]

das Popcorn
› las palomitas *Pl*
[paloˈmitas]

das Gummibärchen
› el osito de gominola
[oˈsito ðe ɣomiˈnola]

die Süßigkeiten *Pl*
› los dulces *Pl*
[ˈdul̪θes]

der/das Bonbon
› el caramelo
[karaˈmelo]

der Lutscher
› la piruleta
[piruˈleta]

die Lakritze
› el regaliz
[rreɣaˈliθ]

Gemüse
VERDURA

der Rucola
› la rúcula
[ˈrrukula]

der Feldsalat
› los canónigos *Pl*
[kaˈnoniɣos]

der Spinat
› las espinacas *Pl*
[espiˈnakas]

frisch
› fresco
[ˈfresko]

der Mangold
› la acelga
[aˈθelɣa]

der Chicorée
› la endivia
[eṇˈdiβja]

der Wirsing
› la col de Milán
[kol de miˈlan]

die Artischocke
› la alcachofa
[alkaˈʧofa]

der Fenchel
› el hinojo
[iˈnoxo]

welk
› mustia
[ˈmustja]

faulig
› podrida
[poˈðriða]

verschimmelt
› enmohecidos
[e^{m}moeˈθiðos]

die Zucchini
› el calabacín
[kalaβa'θin]

der Kohl
› la col
[kol]

der Rosenkohl
› la col de Bruselas
[kol de βru'selas]

sonnengereift
› madurado al sol
[maðu'raðo al sol]

die Olive
› la aceituna
[aθei̯'tuna]

der Mais
› el maíz
[ma'iθ]

die Avocado
› el aguacate
[aɣwa'kate]

die Süßkartoffel
› el boniato
[bo'njato]

die Schalotte
› la chalota
[ʧa'lota]

die Wurzelpetersilie
› el perejil tuberoso
[pere'xil tuβe'roso]

der/die Stangensellerie
› el apio
['apjo]

der Spargel
› el espárrago
[es'parraɣo]

der Pilz
› la seta
['seta]

giftig
› venenosa
[bene'nosa]

ungiftig
› comestible
[komes'tiβle]

der Champignon
› el champiñón
[ʧampi'ɲon]

Edelreizker
› el níscalo
['niskalo]

der Lauch
› el puerro
['pwerro]

das Radieschen
› el rabanito
[rraβa'nito]

das Tiefkühlgemüse
› la verdura ultracongelada
[ber'ðura ul̩trakoŋxe'laða]

die grüne Bohne
› la judía verde
[xu'ðia 'βerðe]

die Hülsenfrüchte *Pl*
› las legumbres *Pl*
[le'ɣumbres]

die Sojabohne
› la soja
['soxa]

die Linse
› la lenteja
[len̩'texa]

die Kidneybohne
› la judía roja
[xu'ðia 'rroxa]

die Kichererbse
› el garbanzo
[gar'βan̩θo]

die Erbse
› el guisante
[gi'san̩te]

2 der Kürbis
› la calabaza
[kalaˈβaθa]

6 die Aubergine
› la berenjena
[bereŋˈxena]

7 die Gurke
› el pepino
[peˈpino]

8 die Zwiebel
› la cebolla
[θeˈβoʝa]

13 die Tomate
› el tomate
[toˈmate]

14 der Blumenkohl
› la coliflor
[koliˈflor]

1 **der Salat**
› la lechuga
[leˈʧuɣa]

3 **der Brokkoli**
› el brócoli
[ˈbrokoli]

4 **die Petersilie**
› el perejil
[pereˈxil]

5 **die Paprika (Schote)**
› el pimiento
[piˈmjen̪to]

9 **die Karotte**
› la zanahoria
[θanaˈorja]

10 **der Knoblauch**
› el ajo
[ˈaxo]

11 **die Bohne**
› la judía blanca
[xuˈðia ˈβlaŋka]

12 **die Kartoffel**
› la patata
[paˈtata]

Obst
FRUTA

die Erdbeere
› la fresa
['fresa]

die Maulbeere
› la mora
['mora]

die Brombeere
› la zarzamora
[θarθa'mora]

die Mispel
› el níspero
['nispero]

die Aprikose
› el albaricoque
[alβari'koke]

die Kirsche
› la cereza
[θe'reθa]

der Apfel
› la manzana
[maṇ'θana]

die Birne
› la pera
['pera]

die Orange
› la naranja
[na'raŋxa]

die Zitrone
› el limón
[li'mon]

die Limette
› la lima
['lima]

die Traube
› la uva
['uβa]

die Mango
› el mango
['maŋgo]

die Kiwi
› el kiwi
['kiβi]

die Ananas
› la piña
['piɲa]

Getränke
BEBIDAS

das Mineralwasser
› el agua mineral
[ˈaɣwa mineˈral]

der Saft
› el zumo
[ˈθumo]

die Limonade
› la limonada
[limoˈnaða]

das/die Cola
› la coca-cola
[kokaˈkola]

die heiße Schokolade
› el chocolate caliente
[ʧokoˈlate kaˈljen̩te]

der Kaffee
› el café
[kaˈfe]

zum Mitnehmen/to go
› para llevar
[ˈpara ɟeˈβar]

der Milchkaffee
› el café con leche
[kaˈfe kon ˈleʧe]

der Espresso
› el café solo
[kaˈfe ˈsolo]

der Cappuccino
› el capuchino
[kapuˈʧino]

mit/ohne Kohlensäure
› con/sin gas
[koŋ/siŋ gas]

der Most
› el mosto
[ˈmosto]

der/die Latte macchiato
› la leche manchada
['letʃe man'tʃaða]

der Zucker
› el azúcar
[a'θukar]

der Eiskaffee
› el café helado
[ka'fe e'laðo]

der Süßstoff
› el edulcorante
[eðulko'ran̩te]

koffeinfrei
› descafeinado (-a)
[deskafei̯'naðo, -a]

das Wasser
› el agua
['aɣwa]

das Leitungswasser
› el agua del grifo
['aɣwa ðel 'grifo]

der Milchschaum
› la espuma (de leche)
[es'puma (ðe 'letʃe)]

der Tee
› el té
[te]

der Schwarztee
› el té negro
[te'neɣro]

der Grüne Tee
› el té verde
[te 'βerðe]

der Früchtetee
› la infusión de frutas
[iɱfu'sjon de 'frutas]

der Kräutertee
› la infusión de hierbas
[iɱfu'sjon de 'ʝerβas]

der Eistee
› el té helado
[te e'laðo]

der Teebeutel
› la bolsita de té
[bol'sita ðe te]

der Alkohol
› el alcohol
[al'kol]

alkoholfrei
› sin alcohol
[sin al'kol]

das Bier
› la cerveza
[θer'βeθa]

der Kasten Bier
› la caja de cerveza
['kaxa ðe θer'βeθa]

die Flasche
› la botella
[bo'teʝa]

das Weizen (Bier)
› la cerveza de trigo
[θer'βeθa ðe 'triɣo]

das Pils
› la pilsen
['pilsen]

der Schnaps
› el aguardiente
[aɣwar'ðjen̩te]

der Whisky
› el whisky
['wiski]

der Gin
› la ginebra
[xi'neβra]

der Rum
› el ron
[rron]

der Cocktail
› el cóctel
[kok'tel]

der Wein
› el vino
['bino]

der Korken
› el corcho
['korʧo]

der Weißwein
› el vino blanco
['bino 'βlaŋko]

der Rotwein
› el (vino) tinto
[('bino) 'tin̪to]

der Roséwein
› el vino rosado
['bino rro'saðo]

der Sekt
› el cava
['kaβa]

der Champagner
› el champán
[ʧam'pan]

der Likör
› el licor
[li'kor]

der Weinbrand
› el brandi
['bran̪di]

der Sherry
› el jerez
[xe'reθ]

abgestanden
› sin gas ya
[siŋ gas ɟa]

die Weinschorle
› el vino con soda
['bino kon 'soða]

Getränke bestellen

KELLNER
Was möchten Sie trinken?
› ¿Qué quieren para beber?

NINA
Ich hätte gern ein Glas Apfelschorle.
› Para mí un zumo de manzana con gas.

KELLNER
Und Sie?
› ¿Y usted?

LISA
Ich möchte ein Glas trockenen Rotwein.
› Una copa de vino tinto seco.

KELLNER
Dann empfehle ich Ihnen unseren Hauswein.
› En ese caso, le recomiendo que pruebe el vino de la casa.

LISA
Danke, dann hätte ich gern ein Glas davon.
› Estupendo, pues una copa.

Bei Tisch
EN LA MESA

essen
› comer
[ko'mer]

trinken
› beber
[be'βer]

der Teller
› el plato
['plato]

die Schüssel
› el cuenco
['kweŋko]

das Glas
› el vaso
['baso]

der Becher
› la taza
['taθa]

die Stäbchen *Pl*
› los palillos *Pl*
[pa'liʝos]

die Serviette
› la servilleta
[serβi'ʝeta]

das Tablett
› la bandeja
[baṇ'dexa]

1 **die Tasse**
› la taza
['taθa]

2 **die Untertasse**
› el platillo
[pla'tiʝo]

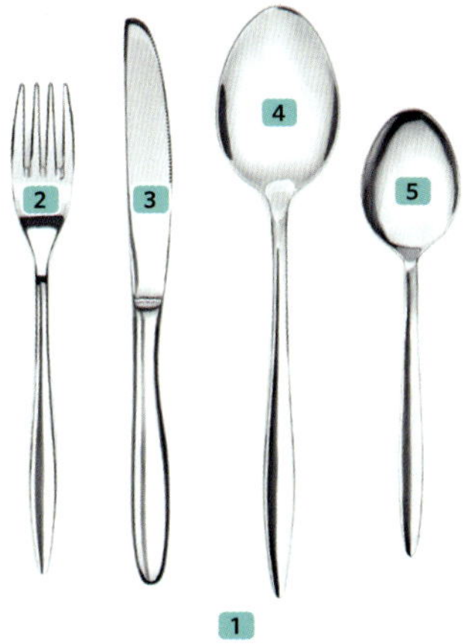

1 **das Besteck**
› los cubiertos *Pl*
[ku'βjertos]

2 **die Gabel**
› el tenedor
[tene'ðor]

3 **das Messer**
› el cuchillo
[ku'ʧiʝo]

4 **der Esslöffel**
› la cuchara
[ku'ʧara]

5 **der Teelöffel**
› la cucharilla
[kuʧa'riʝa]

das Geschirr
› la vajilla
[ba'xiʝa]

schmatzen
› hacer ruido (al comer)
[a'θer 'rrwiðo (al ko'mer)]

kauen
› masticar
[masti'kar]

schlürfen
› sorber
[sor'βer]

die Tischdecke
› el mantel
[man̦'tel]

decken (den Tisch)
› poner (la mesa)
[po'ner (la 'mesa)]

kleckern *(den Tisch)*
› manchar (la mesa)
[man'ʧar (la 'mesa)]

Im Restaurant

EN EL RESTAURANTE

Essen bestellen

KELLNER
Haben Sie schon gewählt?
› ¿Ya saben lo que van a tomar?

NINA
Ich möchte einen kleinen gemischten Salat als Vorspeise.
› Yo, de primero, voy a tomar una ensalada mixta pequeña.

LISA
Ich hätte gerne die Suppe. Die anderen möchten keine Vorspeise.
› Y yo una sopa. Ellos no quieren nada de primero.

KELLNER
Und als Hauptspeise?
› ¿Y de segundo?

TOM
Was können Sie uns empfehlen?
› ¿Qué nos recomienda?

KELLNER
Unser Tagesgericht ist heute ...
› Hoy tenemos de plato del día...

TOM
Dann nehme ich das.
› Vale, pues yo quiero eso.

BEN
Ich möchte Paella.
› Y yo paella.

der Hunger
› el hambre
[ˈambre]

satt
› lleno (-a)
[ˈʝeno, -a]

vegan
› vegano (-a)
[beˈɣano, -a]

glutenfrei
› sin gluten
[siŋ ˈgluten]

laktosefrei
› sin lactosa
[sin lakˈtosa]

vegetarisch
› vegetariano (-a)
[bexetaˈrjano, -a]

bestellen
› pedir
[peˈðir]

die Rechnung
› la cuenta
[ˈkweṇta]

das Trinkgeld
› la propina
[proˈpina]

die Vorspeise
› el primero
[priˈmero]

die Suppe
› la sopa
[ˈsopa]

die Hauptspeise
› el plato principal
[ˈplato priṇθiˈpal]

die Beilage
› el acompañamiento
[akompaɲaˈmjeṇto]

der Nachtisch
› el postre
[ˈpostre]

die Nahrungsmittel-intoleranz
› la intolerancia alimentaria [iṇtoleˈraṇθja alimeṇˈtarja]

der Durst
› la sed
[seᶞ]

allergisch (auf)
› alérgico (-a)
[a'lerxiko, -a]

das Restaurant
› el restaurante
[rrestau̯'ran̪te]

reservieren
› reservar
[rreser'βar]

der Gast
› el cliente
['kljen̪te]

die Speisekarte
› la carta
['karta]

die Bestellung
› el pedido
[pe'ðiðo]

sich beschweren
› quejarse
[ke'xarse]

bezahlen
› pagar
[pa'ɣar]

die Kreditkarte
› la tarjeta de crédito
[tar'xeta ðe 'kreðito]

das Getränk
› la bebida
[be'βiða]

der Kaffee
› el café
[ka'fe]

der Beilagensalat
› la ensalada de acompañamiento
[ensa'laða ðe akompaɲa'mjen̪to]

der Kellner
› el camarero
[kama'rero]

bedienen
› atender
[aten̪'der]

Folgende Formulierungen können Ihnen darüber hinaus bei der Bestellung nützlich sein:

Ich hätte gerne etwas Typisches aus der Region.
› Me gustaría probar algo típico de la región.
[me ɣusta'ria pro'βar 'alɣo 'tipiko ðe la rre'xjon]

Haben Sie vegetarische Gerichte/Diätkost?
› ¿Tienen platos vegetarianos/platos bajos en calorías?
['tjenem 'platos βexeta'rjanos/'platos 'βaxos eŋ kalo'rias]

Gibt es bei Ihnen auch Kinderportionen?
› ¿Tienen también raciones infantiles?
['tjenen̪ tam'bjen rra'θjones iɱfan̪'tiles]

Könnte ich Pommes frites statt Reis haben?
› ¿Puede ser con patatas fritas en vez de con arroz?
['pweðe ser kom pa'tatas 'fritas em beθ de kon a'rroθ]

Ich bin Diabetiker(in)/Vegetarier(in)/Veganer(in).
› Soy diabético (-a)/vegetariano (-a)/vegano (-a).
[soi ðja'βetiko, -a/βexeta'rjano, -a/βe'ɣano, -a]

Ich bin allergisch gegen Eier/Gluten/Milchprodukte/Nüsse.
› Soy alérgico (-a) al huevo/al gluten/a la lactosa/a las nueces.
[soi a'lerxiko, -a al 'weβo/al 'gluten/a la lak'tosa/a las 'nweθes]

Frühstück
DESAYUNO

der Honig
› la miel
[mjel]

die Marmelade
› la mermelada
[mermeˈlaða]

das Müsli
› el muesli
[ˈmwesli]

die Erdnussbutter
› la mantequilla de cacahuete
[manteˈkiʝa ðe kakaˈwete]

die Haferflocken *Pl*
› los copos de avena *Pl*
[ˈkopos ðe aˈβena]

die Nussnougatcreme
› la crema de cacao y avellanas
[ˈkrema ðe kaˈkao i aβeˈʝanas]

Mittagessen und Abendessen
ALMUERZO Y CENA

das Steak
› el filete
[fiˈlete]

blutig
› muy poco hecho (-a)
[mwi ˈpoko ˈetʃo, -a]

durch
› muy hecho (-a)
[mwi ˈetʃo, -a]

der Braten
› el asado
[a'saðo]

die Paella
› la paella
[pa'eɟa]

das Kotelett
› la chuleta
[ʧu'leta]

das Schnitzel
› el escalope
[eska'lope]

der/das Gulasch
› el estofado de carne
[esto'faðo ðe 'karne]

das Brathähnchen
› el pollo asado
['poɟo a'saðo]

der Tofu
› el tofu
['tofu]

der Obstsalat
› la macedonia
[maθe'ðonja]

das Mousse
› el mus
[mus]

der Pudding
› el pudin
['puðin]

(gut) schmecken
› estar rico (-a)
[es'tar 'rriko, -a]

nicht schmecken
› no estar rico (-a)
[no es'tar 'rriko, -a]

paniert
› empanado (-a)
[empaˈnaðo, -a]

scharf
› picante
[piˈkan̪te]

die Suppe
› la sopa
[ˈsopa]

das Spiegelei
› el huevo frito
[ˈweβo ˈfrito]

das hart gekochte Ei
› el huevo duro
[ˈweβo ˈðuro]

gegrillt
› a la parrilla
[a la paˈrriʝa]

überbacken
› gratinado (-a)
[gratiˈnaðo, -a]

salzig
› salado (-a)
[saˈlaðo, -a]

lecker
› exquisito (-a)
[eskiˈsito, -a]

versalzen
› (demasiado) salado (-a)
[(demaˈsjaðo) saˈlaðo, -a]

das Fischstäbchen
› los palitos de pescado *Pl*
[paˈlitos ðe pesˈkaðo]

die Lasagne
› la lasaña
[laˈsaɲa]

das Kartoffelpüree
› el puré de patatas
[puˈre ðe paˈtatas]

das Omelett
› la tortilla
[torˈtiʝa]

der gegrillter Fisch
› el pescado al horno
[pesˈkaðo al ˈorno]

gedünstet
› al vapor
[al βaˈpor]

süß
› dulce
[ˈdul̪θe]

bitter
› amargo (-a)
[aˈmarɣo, -a]

heiß
› caliente
[kaˈljen̪te]

das Fertiggericht
› el plato precocinado
[ˈplato prekoθiˈnaðo]

die Pizza
› la pizza
[ˈpitsa]

der Eintopf
› el puchero
[puˈʧero]

der Kloß
› la albóndiga
[alˈβon̪diɣa]

das Kartoffelomelett
› la tortilla de patatas
[torˈtiʝa ðe paˈtatas]

die Fischpfanne
› la fritura de pescado
[friˈtura ðe pesˈkaðo]

gebraten
› frito (-a)
[ˈfrito, -a]

sauer
› ácido (-a)
[ˈaθiðo, -a]

fettig
› aceitoso (-a)
[aθei̯ˈtoso, -a]

kalt
› frío (-a)
[ˈfrio, -a]

die Spaghetti Bolognese ***Pl***
› los espaguetis a la boloñesa *Pl*
[espaˈɣetis a la boloˈɲesa]

In der Küche

EN LA COCINA

der Mixer
› la batidora
[batiˈðora]

das Schneidebrett
› la tabla (de cortar)
[ˈtaβla (ðe korˈtar)]

abtrocknen
› secar (con el paño)
[seˈkar (kon el ˈpaɲo)]

das Spülmittel
› el detergente
[deterˈxen̪te]

die Spülmaschine
› el lavavajillas *inv*
[laβaβaˈxiʝas]

die Kaffeemaschine
› la cafetera
[kafeˈtera]

der Wasserkocher
› el hervidor de agua
[erβiˈðor ðe ˈaɣwa]

der Kühlschrank
› el frigorífico
[friɣoˈrifiko]

der Mülleimer
› el cubo de basura
[ˈkuβo ðe βaˈsura]

1 **der Topf**
› la olla
[ˈoʝa]

2 **der Deckel**
› la tapadera
[tapaˈðera]

kochen
› cocer
[koˈθer]

braten
› freír
[freˈir]

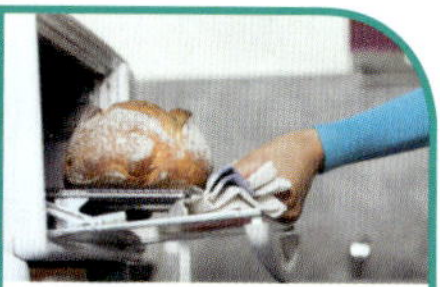

backen
› asar
[aˈsar]

umrühren
› remover
[rremoˈβer]

vermengen
› mezclar bien
[meθˈklar βjen]

zubereiten
› guisar
[giˈsar]

schälen
› pelar
[peˈlar]

kosten
› probar
[proˈβar]

die Pfanne
› la sartén
[sarˈten]

das Rezept
› la receta
[rreˈθeta]

der Herd
› el hornillo
[orˈniʝo]

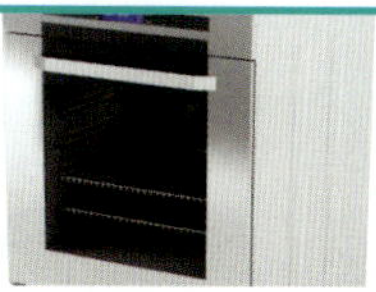

der Backofen
› el horno
[ˈorno]

Bezahlen

TOM
Kellner, bringen Sie uns bitte die Rechnung? Ich würde gerne zahlen.
› Disculpe, quisiera pagar, ¿nos trae la cuenta?

TOM
Nehmen Sie auch Kreditkarten?
› ¿Aceptan tarjetas de crédito?

KELLNER
Ja, selbstverständlich.
› Sí, cómo no.

TOM
Bitte, das ist für Sie. Es stimmt so.
› Gracias, aquí tiene una propina.

KELLNER
Haben Sie vielen Dank!
› ¡Muchísimas gracias!

Einkaufen

Ein breiter Wortschatz rund ums Einkaufen steht Ihnen in diesem Kapitel zur Verfügung.

Geschäfte

TIENDAS

Greifen Sie zu. Damit Jacke nicht wie Hose ist: Lernen Sie die wichtigsten Wörter rund um Kleidung, Lebensmittel und Einkaufen im Allgemeinen. Nehmen Sie so viel mit, wie Sie können.

die Bäckerei
› la panadería
[panaðe'ria]

die Metzgerei
› la carnicería
[karniθe'ria]

der Buchladen
› la librería
[liβre'ria]

die Apotheke
› la farmacia
[far'maθja]

die Drogerie
› la droguería
[droɣe'ria]

der Obst- und Gemüsehändler
› la frutería
[frute'ria]

der Supermarkt
› el supermercado
[supermer'kaðo]

das Kaufhaus
› el centro comercial
[centro komer'θjal]

der Markt
› el mercado
[mer'kaðo]

der Fotoladen
› el fotógrafo
[fo'toɣrafo]

der Fischladen
› la pescadería
[peskaðe'ria]

das Schuhgeschäft
› la zapatería
[θapate'ria]

der Souvenirladen
› la tienda de recuerdos
['tjen̩da ðe rre'kwerðos]

der Blumenladen
› la floristería
[floriste'ria]

das Sportgeschäft
› la tienda de deportes
['tjen̩da ðe ðe'portes]

der Bioladen
› la tienda de productos naturales
['tjen̩da ðe pro'ðuktos natu'rales]

Wenn Sie Souvenirs kaufen möchten, können Sie beispielsweise folgende Formulierungen verwenden:

Ich hätte gern ein hübsches Andenken.
› Me gustaría llevarme algo bonito de recuerdo.
[me ɣusta'ria ɟe'βarme 'alɣo βo'nito ðe rre'kwerðo]

Am liebsten hätte ich etwas Typisches aus dieser Gegend.
› Preferentemente, algo típico de la región.
[preferen̪te'men̪te 'alɣo 'tipiko ðe la rre'xjon]

Wie viel wollen Sie ausgeben?
› ¿De qué precio, más o menos?
[de ke 'preθjo mas o 'menos]

Ich möchte etwas Preisgünstiges.
› Algo baratito.
['alɣo βara'tito]

Das ist aber hübsch.
› ¡Qué bonito es eso!
[ke βo'nito es 'eso]

Können Sie mir das bitte als Geschenk verpacken?
› ¿Me lo envuelve para regalo?
[me lo em'bwelβe 'para rre'ɣalo]

Gibt es das auch etwas günstiger?
› ¿Tiene algo parecido, pero más barato?
['tjene 'alɣo pare'θiðo 'pero mas βa'rato]

Grundlagen

CONCEPTOS BÁSICOS

die Kasse
› la caja
[ˈkaxa]

der Kassenzettel
› el tique
[ˈtike]

bezahlen
› pagar
[paˈɣar]

bar bezahlen
› pagar en efectivo
[paˈɣar en efekˈtiβo]

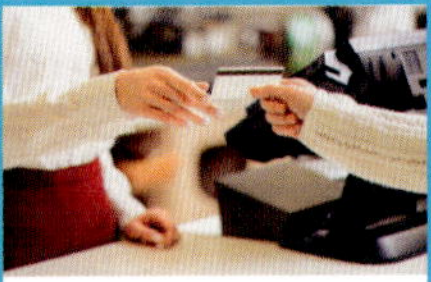

mit Karte bezahlen
› pagar con tarjeta
[paˈɣar kon̪ tarˈxeta]

das Wechselgeld
› la vuelta
[ˈbwel̪ta]

der Preis
› el precio
[ˈpreθjo]

das Sonderangebot
› la oferta
[oˈferta]

verkaufen
› vender
[ben̪ˈder]

VERKÄUFERIN
Werden Sie schon bedient?
› ¿Les están atendiendo?

LISA
Danke, wir sehen uns nur um.
› Gracias, solo queremos mirar un poco.

Im Supermarkt
EN EL SÚPER

teuer
› caro
[ˈkaro]

reduziert
› rebajado
[rreβaˈxaðo]

ausverkauft
› agotado
[aɣoˈtaðo]

die Öffnungszeiten *Pl*
› el horario
[oˈrarjo]

der Einkaufswagen
› el carrito
[kaˈrrito]

anstehen
› hacer cola
[aˈθer ˈkola]

frisch
› fresco (-a)
[ˈfresko, -a]

abgelaufen
› caducado (-a)
[kaðuˈkaðo, -a]

die Käsetheke
› la sección
de quesos
[seˠˈθjon de ˈkesos]

umtauschen
› descambiar
[deskam'bjar]

kosten
› costar
[kos'tar]

preiswert
› a buen precio
[a βwem 'preθjo]

der/die Kassierer(in)
› el (la) cajero (-a)
[ka'xero, -a]

der Einkaufskorb
› la cesta
['θesta]

die Fleischtheke
› la sección de carnes
[seɣ'θjon de 'karnes]

die Fischtheke
› la sección de pescado
[seɣ'θjon de pes'kaðo]

das Kühlregal
› la cámara frigorífica
['kamara friɣo'rifika]

die Kundentoilette
› los servicios *Pl*
[ser'βiθjos]

das (Flaschen-)Pfand
› el dinero del casco
[di'nero ðel 'kasko]

der (die) Kunde(-in)
› el/la cliente
['kljen̩te]

kaufen
› comprar
[kom'prar]

Im Kaufhaus
EN EL CENTRO COMERCIAL

Auf einer Shoppingtour können Ihnen folgende Fragen und Sätze weiterhelfen:

Entschuldigen Sie bitte, wo finde ich die Spielwarenabteilung/ Sportabteilung?
› Disculpe, ¿dónde está la sección de juguetes/deportes?
[dis'kulpe 'don̩de es'ta la seɣ'θjon de xu'ɣetes/ðe'portes]

Ich möchte ...
› Estoy buscando...
[es'toi βus'kan̩do]

Haben Sie ...?
› ¿Tienen...?
['tjenen]

Ich suche ein gestreiftes/kariertes/gemustertes Oberteil.
› Estoy buscando algo a rayas/de cuadros/con estampado para la parte de arriba.
[es'toi βus'kando 'alɣo a 'rrayas/ðe 'kwaðros/kon estam'paðo 'para la 'parte ðe a'rriβa]

Ich hätte gern eine hellere/dunklere Hose.
› Preferiría un pantalón más claro/oscuro.
[preferi'ria wm pan̪ta'lom mas 'klaro/os'kuro]

Gibt es das etwas größer/kleiner/länger/kürzer/enger/weiter?
› ¿Lo tienen, pero un poco más grande/pequeño/largo/corto/estrecho/ancho?
[lo 'tjenen 'pero wm 'poko mas 'ɣran̪de/pe'keɲo/'larɣo/'korto/es'treʧo/'anʧo]

Es passt nicht.
› No me está bien.
[no me es'ta βjen]

Es ist zu groß/klein/lang/kurz/eng/weit.
› Es demasiado grande/pequeño/largo/corto/estrecho/ancho.
[es ðema'sjaðo 'ɣran̪de/pe'kɲo/'larɣo/'korto/es'treʧo/'anʧo]

Ich möchte das bitte zurückgeben/umtauschen.
› Me gustaría devolver/descambiar esto.
[me ɣusta'ria ðeβol'βer/ðeskam'bjar 'esto]

Farben und Muster
COLORES Y DISEÑOS

1 **blau**
› azul
[a'θul]

2 **rot**
› rojo (-a)
['rroxo, -a]

3 **gelb**
› amarillo (-a)
[ama'riʎo, -a]

7 **orange**
› naranja
[na'raŋxa]

8 **lila**
› morado (-a)
[mo'raðo, -a]

9 **rosa**
› rosa
['rrosa]

4 schwarz
› negro (-a)
[ˈneɣro, -a]

5 weiß
› blanco (-a)
[ˈblaŋko, -a]

6 grün
› verde
[ˈberðe]

10 braun
› marrón
[maˈrron]

11 bunt
› de colores
[de koˈlores]

12 gemustert
› estampado (-a)
[estamˈpaðo, -a]

Eigenschaften
CARACTERÍSTICAS

1 **gut**
› bueno (-a)
[ˈbweno, -a]

2 **besser**
› mejor
[meˈxor]

3 **am besten**
› el/la mejor
[el/la meˈxor]

weich
› blando (-a)
[ˈblan̪do, -a]

hart
› duro (-a)
[ˈduro, -a]

rund
› redondo (-a)
[rreˈðon̪do, -a]

quadratisch
› cuadrado (-a)
[kwaˈðraðo, -a]

viereckig
› rectangular
[rektaŋguˈlar]

spitz
› puntiagudo (-a)
[pun̪tjaˈɣuðo, -a]

schlecht
› malo (-a)
['malo, -a]

kratzig
› áspero (-a)
['aspero, -a]

oval
› ovalado (-a)
[oβa'laðo, -a]

aus Plastik/Glas/Metall
› de plástico/vidrio/metal
[de 'plastiko/'βiðrjo/me'tal]

Kleidung
ROPA

das Kleid
› el vestido
[bes'tiðo]

der Rock
› la falda
['fal̩da]

die Unterhose
› las bragas
['braɣas]

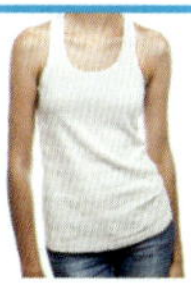

das Unterhemd
› la camiseta interior
[kami'seta in̩te'rjor]

der BH
› el sujetador
[suxeta'ðor]

die Strümpfe *Pl*
› las medias *Pl*
['meðjas]

Größe/Anprobieren

TALLAJE/PROBARSE

Nach der Farbe fragen

TOM
Wie findest du dieses Kleid?
› ¿Qué te parece este vestido?

LISA
Das ist nicht ganz, was ich möchte. Die Farbe gefällt mir nicht.
› Pues no es exactamente lo que yo quería. No me gusta el color.

TOM (ZUR VERKÄUFERIN)
Haben Sie das auch noch in einer anderen Farbe als Rot?
› ¿Lo tiene en algún otro color, que no sea rojo?

VERKÄUFERIN
Ja, das haben wir auch in Blau.
› Sí, lo tenemos también en azul.

LISA
Sehr gut! Können Sie es uns bitte zeigen?
› ¡Qué bien! ¿Nos lo enseña, por favor?

VERKÄUFERIN
Gerne.
› Desde luego.

die Socken *Pl*
› los calcetines *Pl*
[kal̪θeˈtines]

der Schlafanzug
› el pijama
[piˈxama]

die Hose
› el pantalón
[pan̪taˈlon]

die Jeans *Pl*
› los vaqueros *Pl*
[baˈkeros]

die Mütze
› el gorro
[ˈgorro]

der Pullover
› el jersey
[xerˈsei̯]

das T-Shirt
› la camiseta
[kamiˈseta]

die Jacke
› la chaqueta
[ʧaˈketa]

der Regenmantel
› el impermeable
[impermeˈaβle]

der Regenschirm
› el paraguas
[paˈraɣwas]

der Handschuh
› el guante
[ˈgwan̪te]

der Schal
› la bufanda
[buˈfan̪da]

anziehen
› ponerse
[poˈnerse]

tragen
› llevar
[ʝeˈβar]

anprobieren
› probar(se)
[proˈβar(se)]

sich ausziehen
› quitarse la ropa
[kiˈtarse la ˈrropa]

Nach der Größe fragen

LISA
Das blaue Kleid gefällt mir! Ich würde es gern anprobieren.
› Me gusta el vestido azul. ¿Me lo puedo probar?

VERKÄUFERIN
Welche Konfektionsgröße haben Sie?
› ¡Claro! ¿Qué talla tiene?

LISA
Ich habe Größe 38, manchmal auch 40.
› Tengo la 38, a veces la 40.

VERKÄUFERIN
Gut, dann hole ich beide Größen für Sie.
› Muy bien, entonces se lo traigo en las dos tallas.

TOM
Ich finde das blaue Kleid wirklich viel schöner als das rote.
› De verdad que este vestido es mucho más bonito en azul que en rojo.

VERKÄUFERIN
So, hier haben wir das blaue Kleid in 38 und in 40.
› Aquí tiene el vestido azul en las tallas 38 y 40.

LISA
Danke schön.
› Muchas gracias.

VERKÄUFERIN
Ich komme gleich zurück, probieren Sie die Kleider in Ruhe an.
› Ahora vuelvo, tómese su tiempo para probárselos.

LISA
Hm ... das eine ist mir zu klein, das andere zu groß.
› Vaya... Uno me está pequeño y el otro, grande.

TOM
Ich finde, das engere Kleid passt gut.
› Pues a mí me parece que el más estrecho te queda bien.

der Strampelanzug
› el pelele
[peˈlele]

das Lätzchen
› el babero
[baˈβero]

der Schuh
› el zapato
[θaˈpato]

der Stiefel
› la bota
[ˈbota]

die Sandale
› la sandalia
[san̪ˈdalja]

der Gummistiefel
› la bota de agua
[ˈbota ðe ˈaɣwa]

die Flipflops® *Pl*
› las chanclas *Pl*
[ˈʧaŋklas]

der Schnürsenkel
› el cordón
[korˈðon]

die Sohle
› la suela
[ˈswela]

1 **der Absatz**
› el tacón
[taˈkon]

2 **flach** *(Absatz)*
› plano (-a)
[ˈplano, -a]

3 **hoch** *(Absatz)*
› de tacón
[de taˈkon]

die Tasche
› la bolsa
['bolsa]

der Rucksack
› la mochila
[mo'ʧila]

die Handtasche
› el bolso
['bolso]

der Koffer
› la maleta
[ma'leta]

der Gürtel
› el cinturón
[θiṇtu'ron]

der Trolley
› la maletita con ruedas
[male'tita kon 'rrweðas]

Seide, Wolle, Polyester: Mit diesen Fragen erfahren Sie woraus die Kleider gemacht sind:

Sind die Schuhe aus Leder?
› ¿Son de piel estos zapatos?
[soṇ de pjel 'estos θa'patos]

Ist die Bluse aus reiner Seide?
› ¿La blusa es de seda natural?
[la 'βlusa es ðe 'seða natu'ral]

Ich suche Socken aus reiner Wolle.
› Quería unos calcetines de lana pura.
[ke'ria 'wnos kalθe'tines ðe 'lana 'pura]

aus 100% Baumwolle/Leinen/Polyester
› 100% algodón/lino/poliéster
[θjem por θjen alɣo'ðon/'lino/po'ljester]

Bezahlen

LISA
Gut, Tom, ich nehme es. Wie viel kostet es denn überhaupt?
› Vale, Tom, me lo llevo. Bueno, pero… ¿cuánto cuesta?

TOM
Warte, hier ist das Schild … 99 Euro.
› Espera, a ver… Aquí está la etiqueta: 99 euros.

LISA
Das ist aber teuer! So viel wollte ich eigentlich nicht ausgeben.
› ¡Qué caro! La verdad es que no pensaba gastarme tanto…

TOM (AN DER KASSE)
Geben Sie einen Rabatt?
› ¿Nos hace un descuento?

VERKÄUFERIN
Es tut mir leid, aber wir haben hier eigentlich feste Preise …
› Lo siento, pero aquí tenemos precios fijos.

LISA
Dann überlege ich es mir noch mal.
› Bueno, entonces me lo voy a pensar.

VERKÄUFERIN
Sind Sie einverstanden, wenn ich Ihnen 5 % Nachlass gebe?
› ¿Qué le parece si le descuento un 5%?

LISA
Einverstanden. Kann ich mit der EC-Karte zahlen?
› Vale, entonces me lo llevo. ¿Puedo pagar con tarjeta de débito?

VERKÄUFERIN
Selbstverständlich.
› Por supuesto.

Sportbekleidung

ROPA DEPORTIVA

der Badeanzug
› el bañador
[baɲaˈðor]

der Bikini
› el bikini
[biˈkini]

die Badehose
› el bañador
[baɲaˈðor]

die Skihose
› el pantalón de esquí
[pan̪taˈlon de esˈki]

die Skibrille
› las gafas de esquí *Pl*
[ˈgafas ðe esˈki]

der Skistiefel
› las botas de esquí *Pl*
[ˈbotas ðe esˈki]

die Outdoorjacke
› la parka
[ˈparka]

atmungsaktiv
› transpirable
[tra$^{(n)}$spiˈraβle]

der Wanderschuh
› la bota de montaña
[ˈbota ðe mon̪ˈtaɲa]

der Turnschuh
› la zapatilla (de deporte)
[θapaˈtiʝa (ðe ðeˈporte)]

die Trekkinghose
› los pantalones de montaña *Pl*
[pan̪taˈlones ðe mon̪ˈtaɲa]

die Jogginghose
› el pantalón de chándal
[pan̪taˈlon de ˈʧan̪dal]

Auf dem Markt

EN EL MERCADO

Lebensmittel kaufen

HÄNDLERIN
Guten Tag. Was darf es sein?
› Hola, ¿qué le pongo?

NINA
Geben Sie mir bitte 10 Scheiben rohen Schinken und dieses Stück Gouda.
› Póngame diez lonchas de jamón y ese trozo de Gouda.

HÄNDLERIN
Soll ich es auch in Scheiben schneiden?
› ¿Se lo corto también en lonchas?

NINA
Nein, nicht nötig, danke.
› Gracias, no hace falta.

HÄNDLERIN
Was darf es sonst noch sein?
› ¿Qué más le pongo?

NINA
Haben Sie auch Bioprodukte?
› ¿Tiene productos ecológicos?

HÄNDLERIN
Ja, hier haben wir Bio-Rindfleisch.
› Sí, tenemos ternera ecológica.

NINA
Davon hätte ich gerne ein Pfund, bitte.
› Vale, pues póngame medio kilo.

HÄNDLERIN
Darf es auch etwas mehr sein?
› ¿Algo más?

NINA
Nein. Das wäre alles.
› No, ya está.

der Markstand
› el puesto
[ˈpwesto]

der(die) Marktverkäufer(in)
› el, la vendedor (a)
[beṇdeˈðor(a)]

bedienen
› atender
[ateṇˈder]

bestellen
› pedir
[peˈðir]

saisonal
› de temporada
[de tempoˈraða]

regional
› de la región
[de la rreˈxjon]

bio
› ecológico (-a)
[ekoˈloxiko, -a]

das Pfund
› el medio kilo
[ˈmeðjo ˈkilo]

das Kilo
› el kilo
[ˈkilo]

das Gramm
› el gramo
[ˈgramo]

geschnitten
› en lonchas
[en ˈlonʧas]

am Stück
› entero (-a)
[eṇˈtero, -a]

aus eigener Produktion
› de fabricación propia
[de faβrikaˈθjon ˈpropja]

Drogerieartikel

ARTÍCULOS DE TOCADOR Y DE HIGIENE

die Creme
› la crema
[ˈkrema]

die Wimperntusche
› el rímel
[ˈrrimel]

der Lippenpflegestift
› el cacao (de labios)
[kaˈkao (ðe ˈlaβjos)]

der Spiegel
› el espejo
[esˈpexo]

die Nagelschere
› las tijeras de uñas *Pl*
[tiˈxeras ðe ˈwɲas]

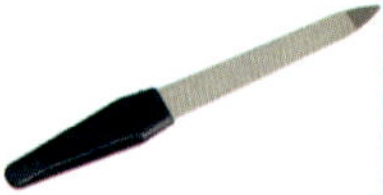

die Nagelfeile
› la lima (para las uñas)
[ˈlima (ˈpara las ˈuɲas)]

das Deo(dorant)
› el desodorante
[desoðoˈran̪te]

die Seife
› el jabón
[xaˈβon]

das Duschgel
› el gel (de ducha)
[xel (de ˈduʧa)]

das Shampoo
› el champú
[ʧamˈpu]

die Bürste
› el cepillo
[θeˈpiʝo]

der Kamm
› el peine
[ˈpei̯ne]

die Sonnencreme
› la crema solar
[ˈkrema soˈlar]

das Toilettenpapier
› el papel higiénico
[paˈpel iˈxjeniko]

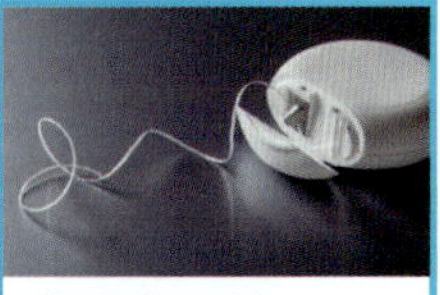

die Zahnseide
› el hilo dental
[ˈilo ðen̪ˈtal]

die Zahnbürste
› el cepillo (de dientes)
[θeˈpiʝo (ðe ˈðjen̪tes)]

das Wattepad
› el disco desmaquillante
[ˈdisko desmakiˈʝan̪te]

das Papiertaschentuch
› el pañuelo (de papel)
[paˈɲwelo (ðe paˈpel)]

Im Haushalt
EN CASA

die Nadel
› la aguja
[aˈɣuxa]

die Sicherheitsnadel
› el imperdible
[imperˈðiβle]

der Müllbeutel
› la bolsa de basura
[ˈbolsa ðe βaˈsura]

das Waschmittel
› el detergente
[deterˈxen̩te]

die Schere
› las tijeras *Pl*
[tiˈxeras]

das Kondom
› el condón
[kon̩ˈdon]

die Slipeinlage
› el salvaslip
[salβasˈli(p)]

der Rasierapparat
› la maquinilla de afeitar
[makiˈniʝa ðe afei̯ˈtar]

der Schnuller
› el chupete
[ʧuˈpete]

das Wattestäbchen
› el bastoncillo (para los oídos)
[baston̩ˈθiʝo (ˈpara los oˈiðos]

nähen
› coser
[koˈser]

putzen
› limpiar
[limˈpjar]

die Alufolie
› el papel de aluminio
[paˈpel ðe aluˈminjo]

die Wäscheleine
› la cuerda de la ropa
[ˈkwerða ðe la ˈrropa]

die Glühbirne
› la bombilla
[bomˈbiʝa]

die Damenbinde
› la compresa
[komˈpresa]

der Einwegrasierer
› la cuchilla desechable
[kuˈʧiʝa deseˈʧaβle]

der Rasierpinsel
› la brocha (de afeitar)
[ˈbroʧa (ðe afei̯ˈtar)]

die Windel
› el pañal
[paˈɲal]

das Putzmittel
› el producto de limpieza
[proˈðukto ðe limˈpjeθa]

die Reißzwecke
› la chincheta
[ʧinˈʧeta]

der Schwamm
› el estropajo
[estroˈpaxo]

die Frischhaltefolie
› el film transparente
[film tra(n)spaˈren̩te]

die Wäscheklammer
› la pinza (de la ropa)
[ˈpin̩θa (ðe la ˈrropa)]

die Zahncreme
› la pasta de dientes
[ˈpasta ðe ðjen̩tes]

der Tampon
› el tampón
[tamˈpon]

der Rasierschaum
› la espuma de afeitar
[esˈpuma ðe afei̯ˈtar]

die Rasierklinge
› la hoja de afeitar
[ˈoxa ðe afei̯ˈtar]

die Saugflasche
› el biberón
[biβeˈron]

Elektroartikel/Computer
APARATOS ELÉCTRICOS/ORDENADOR

das Handy
› el móvil
[ˈmoβil]

das Smartphone
› el smartphone
[esˈmar(t)fon]

das Telefon
› el teléfono
[teˈlefono]

die SIM-Karte
› la tarjeta SIM
[tarˈxeta sim]

die Prepaid-Karte
› la tarjeta prepago
[tarˈxeta preˈpaɣo]

surfen
› navegar
[naβeˈɣar]

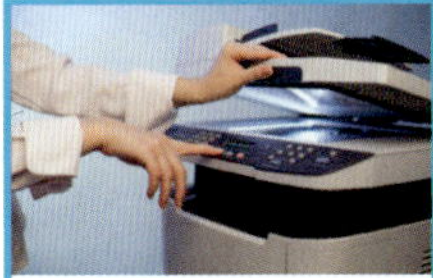

scannen
› escanear
[eskaneˈar]

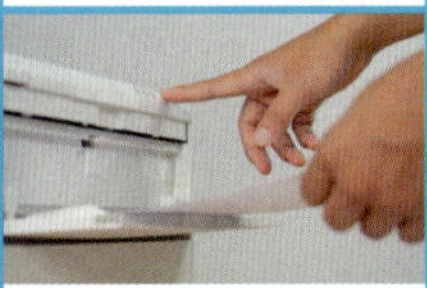

kopieren
› fotocopiar
[fotokoˈpjar]

der Computer
› el ordenador
[orðenaˈðor]

der Drucker
› la impresora
[impreˈsora]

das Tablet
› la tablet
[ˈtaβlet]

der/das Laptop
› el portátil
[porˈtatil]

aufladen
› recargar
[rrekar'ɣar]

der Provider
› la compañía
[kompa'ɲia]

der Adapter
› el adaptador
[aðapta'ðor]

die Batterie
› la pila
['pila]

das Guthaben
› el saldo
['sal̪do]

speichern
› guardar
[gwar'ðar]

der Lautsprecher
› el altavoz
[al̪ta'βoθ]

das Kabel
› el cable
['kaβle]

der Stecker
› el enchufe
[en'ʧufe]

das Ladegerät
› el cargador
[karɣa'ðor]

die Speicherkarte
› la tarjeta de memoria
[tar'xeta ðe me'morja]

der Tarif
› la tarifa
[ta'rifa]

der Fotoapparat
› la cámara (de fotos)
['kamara (ðe 'fotos)]

die CD/DVD
› el CD/DVD
[θe'ðe/deuβe'ðe]

aufladen
› cargar
[kar'ɣar]

die App
› la app
[ap]

downloaden
› bajar
[ba'xar]

der Kopfhörer
› los auriculares *Pl*
[au̯riku'lares]

die Dockingstation
› el replicador de puertos
[rreplika'ðor ðe 'pwertos]

der Akku
› la batería
[bate'ria]

der USB-Stick
› la memoria USB
[me'morja wese'βe]

der MP3-Player
› el (reproductor de) MP3
[(rreproðuk'tor ðe) emepe'tres]

Notdienste und Erste Hilfe

Manche Situationen verlangen schnelle Reaktionen und klare Worte. Folgende Seiten trainieren Sie für den Ernstfall.

Der Körper
EL CUERPO

Lernen Sie, sich zu helfen. Damit Sie nicht sprachlos bleiben, wenn es im wahrsten Sinne des Wortes brennt. Folgende Vokabeln helfen Ihnen dabei, Notfälle, Krankheiten und Gefahren beim Namen zu nennen.

1 **der Kopf**
› la cabeza
[ka'βeθa]

2 **das Gesicht**
› la cara
['kara]

3 **der Mund**
› la boca
['boka]

4 **die Stirn**
› la frente
['fren̪te]

5 **die Wange**
› la mejilla
[me'xiʝa]

6 **das Ohr**
› la oreja
[o'rexa]

7 **die Schulter**
› el hombro
['ombro]

8 **der Ellenbogen**
› el codo
['koðo]

9 **die Hand**
› la mano
['mano]

10 **der Oberschenkel**
› el muslo
['muslo]

11 **das Knie**
› la rodilla
[rro'ðiʝa]

12 **die Wade**
› la pantorrilla
[pan̪to'rriʝa]

die Nase
› la nariz
[na'riθ]

das Auge
› el ojo
['oxo]

die Lippe
› el labio
['laβjo]

der Zunge
› la lengua
['leŋgwa]

der Zahn
› el diente
['djen̪te]

der Backenzahn
› la muela
['mwela]

das Kinn
› la barbilla
[bar'βiʝa]

der Hals
› el cuello
['kweʝo]

der Nacken
› la nuca
['nuka]

der Oberkörper
› el tronco
['troŋko]

die Brust
› el pecho
['peʧo]

der Bauch
› la barriga
[ba'rriɣa]

die Hüfte
› la cadera
[ka'ðera]

die Taille
› la cintura
[θin̪'tura]

der Arm
› el brazo
['braθo]

das Handgelenk
› la muñeca
[mu'ɲeka]

der Finger
› el dedo
['deðo]

das Geschlechtsorgan
› los genitales *Pl*
[xeni'tales]

der Penis
› el pene
['pene]

der Hoden
› el testículo
[tes'tikulo]

die Scheide
› la vagina
[ba'xina]

das Gesäß
› el trasero
[tra'sero]

der Rücken
› la espalda
[es'pal̪da]

das Bein
› la pierna
['pjerna]

das Schienbein
› la espinilla
[espi'niʝa]

der Fuß
› el pie
[pje]

die Ferse
› el talón
[ta'lon]

der Knöchel
› el tobillo
[to'βiʝo]

der Zeh
› el dedo del pie
['deðo ðel pje]

die Haut
› la piel
[pjel]

der Daumen
› el pulgar
[pulˈɣar]

der Zeigefinger
› el índice
[ˈin̪diθe]

der Mittelfinger
› el corazón
[koraˈθon]

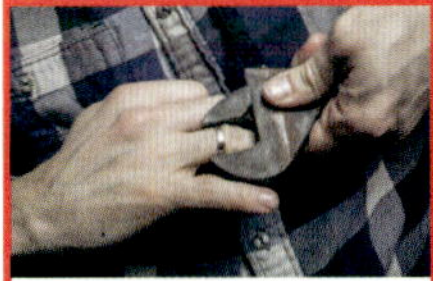

der Ringfinger
› el anular
[anuˈlar]

der kleine Finger
› el meñique
[meˈɲike]

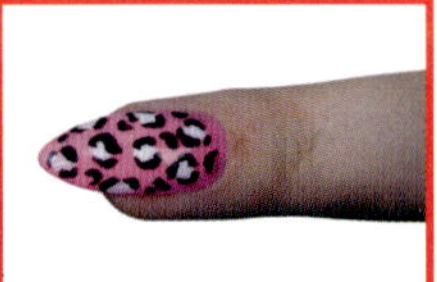

der Nagel
› la uña
[ˈuɲa]

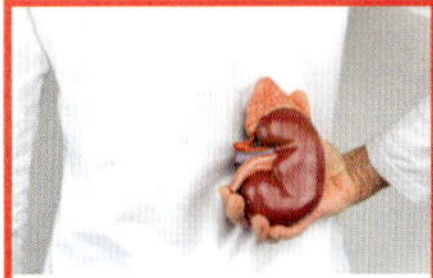

die Niere
› el riñón
[rriˈɲon]

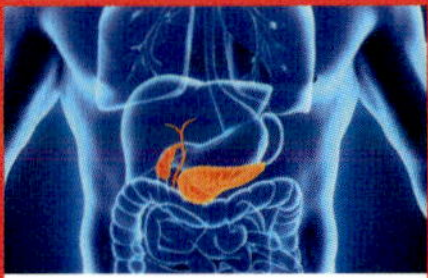

die Bauchspeicheldrüse
› el páncreas
[ˈpaŋkreas]

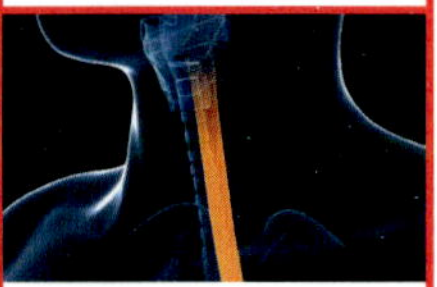

die Speiseröhre
› el esófago
[eˈsofaɣo]

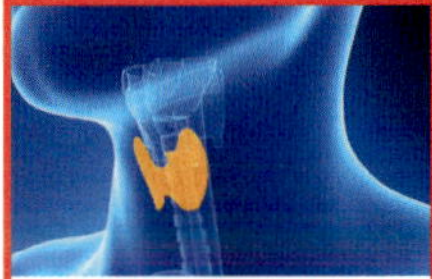

die Schilddrüse
› el tiroides *Inv*
[tiˈroi̯ðes]

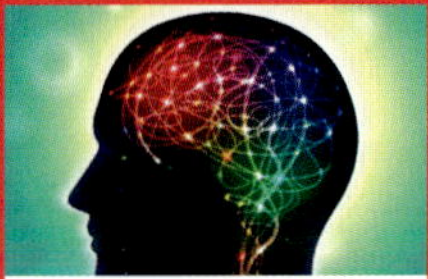

das Gehirn
› el cerebro
[θeˈreβro]

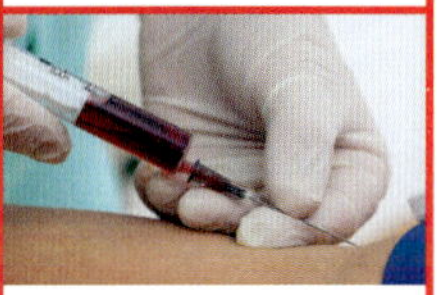

das Blut
› la sangre
[ˈsaŋgre]

der Muskel
› el músculo
['muskulo]

die Sehne
› el tendón
[ten̪'don]

das Herz
› el corazón
[kora'θon]

die Lunge
› el pulmón
[pul'mon]

der Magen
› el estómago
[es'tomaɣo]

der Darm
› el intestino
[in̪tes'tino]

die Leber
› el hígado
['iɣaðo]

die Milz
› el bazo
['baθo]

die Ader
› la vena
['bena]

die Vene
› la vena
['bena]

die Arterie
› la arteria
[ar'terja]

der Kreislauf
› la circulación
[θirkula'θjon]

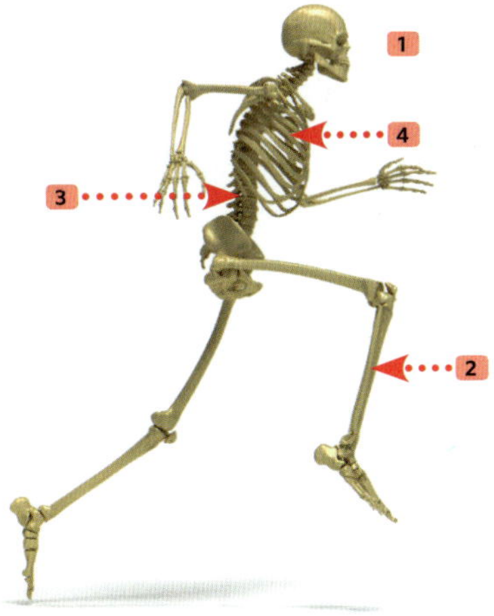

1 **das Skelett**
› el esqueleto
[eske'leto]

2 **der Knochen**
› el hueso
['weso]

3 **die Wirbelsäule**
› la columna vertebral
[ko'lumna βerte'βral]

4 **die Rippe**
› la costilla
[kos'tiʝa]

Arztbesuch
VISITA MÉDICA

die Ärztin
› la doctora
[dokˈtora]

die Patientin
› la paciente
[paˈθjeṇte]

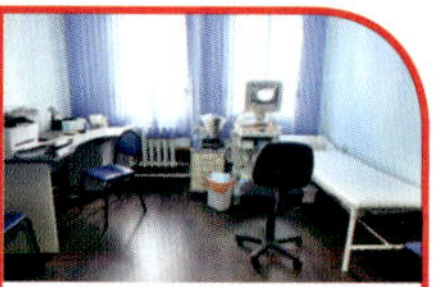

das Sprechzimmer
› la consulta
[konˈsuḷta]

die Sprechstunde
› la hora (en el médico)
[ˈora (en el ˈmeðiko)]

der Termin
› la cita
[ˈθita]

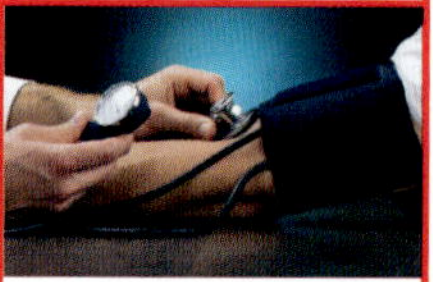

der Blutdruck
› la tensión
[tenˈsjon]

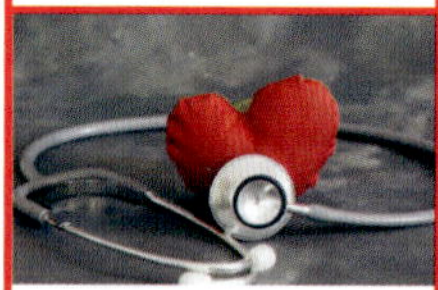

das Stethoskop
› el estetoscopio
[estetosˈkopjo]

die Versichertenkarte
› la tarjeta del seguro
[tarˈxeta ðel seˈɣuro]

das Wartezimmer
› la sala de espera
[ˈsala ðe esˈpera]

aufrufen
› llamar
[ʝaˈmar]

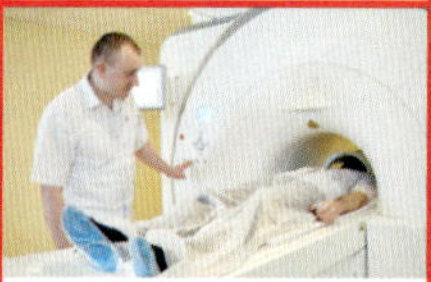

die Untersuchung
› el reconocimiento
[rrekonoθiˈmjeṇto]

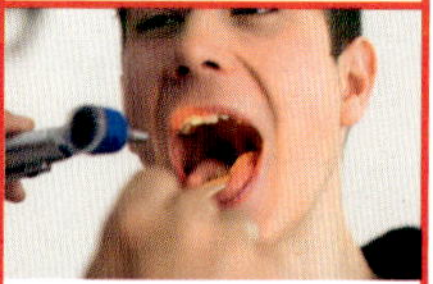

untersuchen
› reconocer
[rrekonoˈθer]

Für den Fall, dass Sie einen Arzt benötigen oder aufsuchen, können folgende Fragen und Sätze für Sie von Nutzen sein:

Könnten Sie mir einen Arzt/Hals-Nasen-Ohren-Arzt/ Kinderarzt/Zahnarzt empfehlen?
› ¿Me podría recomendar un médico/un otorrino/un pediatra/ un dentista?
[me poˈðria rrekomen̪ˈdar um ˈmeðiko/un otoˈrrino/um peˈðjatra/un̪ den̪ˈtista]

Wo ist seine/ihre Praxis?
› ¿Dónde tiene la consulta?
[ˈdon̪de ˈtjene la konˈsulta]

Ich hätte gern einen Termin.
› Quisiera pedir hora.
[kiˈsjera peˈðir ˈora]

Es ist ein Notfall.
› Es una urgencia.
[es ˈuna wrˈxen̪θja]

Bitte nehmen Sie im Wartezimmer Platz.
› Por favor, aguarde en la sala de espera.
[por faˈβor aˈɣwarðe en la ˈsala ðe esˈpera]

Der Nächste, bitte.
› ¡El siguiente!
[el siˈɣjen̪te]

Es ist ein scharfer/pochender/dumpfer Schmerz.
› Es un dolor agudo/pulsante/sordo.
[es un̪ doˈlor aˈɣuðo/pulˈsan̪te/ˈsorðo]

Ich habe einen hohen/niedrigen Blutdruck.
› Tengo la tensión alta/tensión baja.
[ˈteŋgo la tenˈsjon ˈalta/tenˈsjom ˈbaxa]

Ich bin Allergiker(in)/Diabetiker(in)/Epileptiker(in).
› Soy alérgico (-a)/diabético (-a)/epiléptico (-a).
[soi̯ aˈlerxiko, -a/djaˈβetiko, -a/epiˈleptiko, -a]

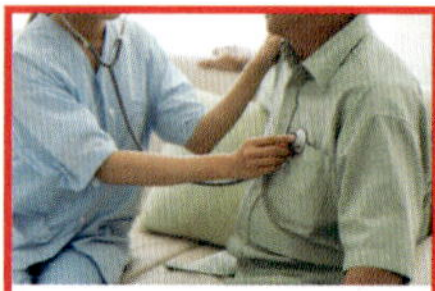

abhören
› auscultar
[au̯skul̪ˈtar]

tief einatmen
› respirar hondo
[rrespiˈrar ˈon̪do]

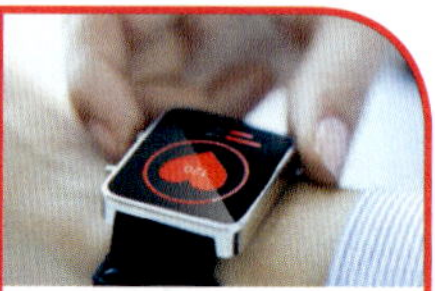

der Puls
› el pulso
[ˈpulso]

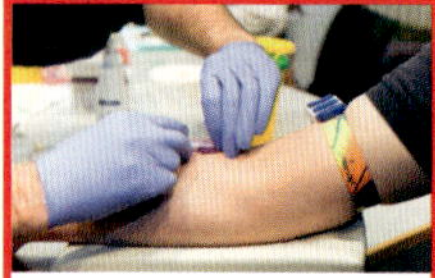

Blut abnehmen
› sacar sangre
[saˈkar ˈsaŋgre]

das Blutbild
› el cuadro sanguíneo
[ˈkwaðro saŋˈgineo]

die Urinprobe
› la prueba de orina
[ˈprweβa ðe oˈrina]

verschreiben
› recetar
[rreθeˈtar]

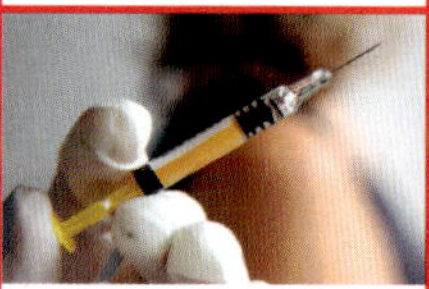

die Spritze
› la inyección
[inɟeɣˈθjon]

die Diagnose
› el diagnóstico
[djaɣˈnostiko]

sich freimachen
› descubrirse
[deskuˈβrirse]

die Krankenkasse
› el seguro
[seˈɣuro]

die Behandlung
› el tratamiento
[trataˈmjen̪to]

die Überweisung
› la derivación
[deriβaˈθjon]

nähen
› coser
[koˈser]

röntgen
› hacer una radiografía de
[aˈθer ˈuna rraðjoɣraˈfia ðe]

der Stuhlgang
› la defecación
[defekaˈθjon]

impfen
› vacunar
[bakuˈnar]

der (die) Zahnarzt (-ärztin)
› el, la dentista
[den̪ˈtista]

der (die) Frauenarzt (-ärztin)
› el/la ginecólogo (-a)
[xine'koloɣo, -a]

der (die) Kinderarzt (-ärztin)
› el/la pediatra
[pe'ðjatra]

der (die) Hautarzt (-ärztin)
› el/la dermatólogo (-a)
[derma'toloɣo, -a]

der (die) Hals-Nasen-Ohrenarzt (-ärztin)
› el/la otorrinolaringólogo (-a)
[otorrinolariŋ'goloɣo, -a]

der (die) Hausarzt (-ärztin)
› el/la médico (-a) de familia
['meðiko, -a ðe fa'milja]

Symptome und Krankheiten

SÍNTOMAS Y ENFERMEDADES

gesund
› sano (-a)
['sano, -a]

krank
› enfermo (-a)
[eɱ'fermo, -a]

husten
› toser
[to'ser]

der Schnupfen
› el constipado
[konsti'paðo]

das Fieber
› la fiebre
['fjeβre]

die Erkältung
› el resfriado
[rresfri'aðo]

der Durchfall
› la diarrea
[dja'rrea]

die Bakterien *Pl*
› las bacterias *Pl*
[bak'terjas]

die Atemnot
› la asfixia
[as'fiˠsja]

der Infekt
› la infección
[iɱfeˠ'θjon]

der Diabetes
› la diabetes *Inv*
[dja'βetes]

die Allergie
› la alergia
[a'lerxia]

entzündet
› infectado (-a)
[iɱfek'taðo, -a]

die Salmonellen
› la salmonela
[salmo'nela]

das Virus
› el virus *Inv*
['birus]

die Blinddarmentzündung
› la apendicitis *Inv*
[apeṇdi'θitis]

die Kreislaufbeschwerden *Pl*
› los problemas circulatorios *Pl*
[pro'βlemas θirkula'torjos]

der hohe/niedrige Blutdruck
› la tensión alta/tensión baja
[ten'sjon 'alta/ten'sjom 'baxa]

die Schmerzen *Pl*
› el dolor
[doˈlor]

die Zahnschmerzen *Pl*
› el dolor de muelas
[doˈlor ðe ˈmwelas]

die Kopfschmerzen *Pl*
› el dolor de cabeza
[doˈlor ðe kaˈβeθa]

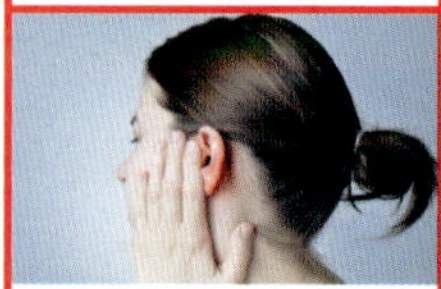

die Ohrenschmerzen *Pl*
› el dolor de oídos
[doˈlor ðe oˈiðos]

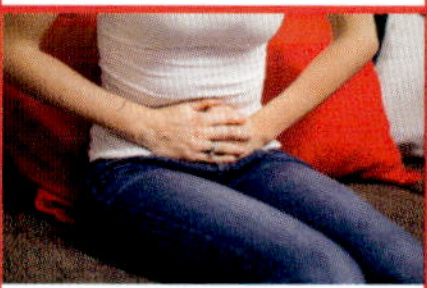

die Bauchschmerzen *Pl*
› el dolor de barriga
[doˈlor ðe baˈrriɣa]

das Nasenbluten
› la hemorragia nasal
[emoˈrraxia naˈsal]

die Übelkeit
› las náuseas *Pl*
[ˈnau̯seas]

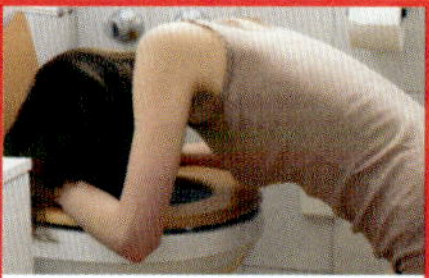

sich übergeben
› vomitar
[bomiˈtar]

schwindelig
› mareado (-a)
[mareˈaðo, -a]

in Ohnmacht fallen
› desmayarse
[desmaˈʝarse]

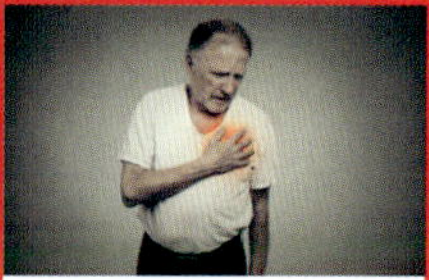

der Herzinfarkt
› el infarto
[iɱˈfarto]

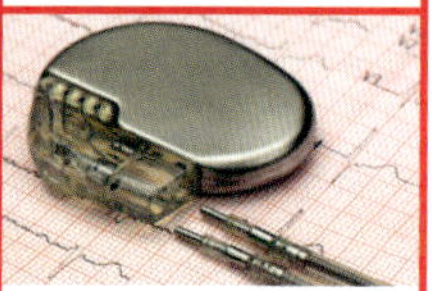

der Herzschrittmacher
› el marcapasos *Inv*
[markaˈpasos]

der Heuschnupfen
› la alergia al polen
[aˈlerxja al ˈpolen]

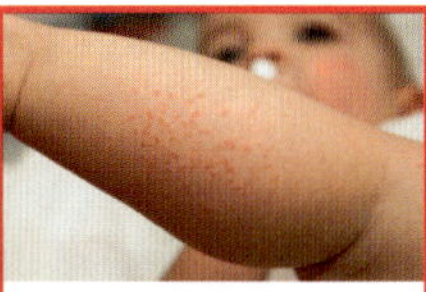

der Ausschlag
› el sarpullido
[sarpuˈʝiðo]

der Krampf
› el calambre
[kaˈlambre]

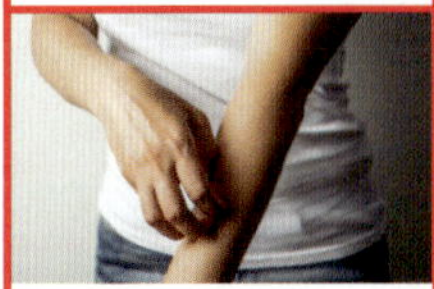

jucken
› picar
[piˈkar]

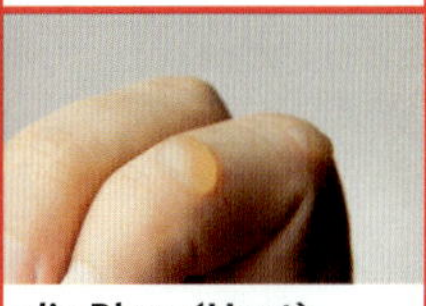

die Blase (Haut)
› la ampolla
[amˈpoʝa]

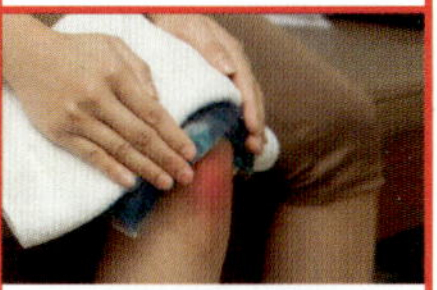

die Entzündung
› la inflamación
[iɱflamaˈθjon]

der Sonnenstich
› la insolación
[insolaˈθjon]

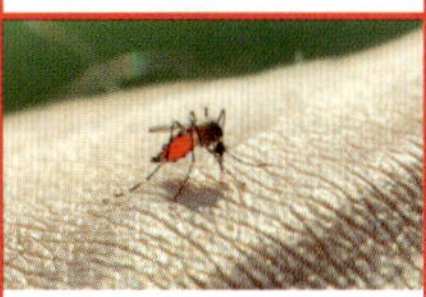

der Stich
› la picadura
[pikaˈðura]

der Biss
› el mordisco
[morˈðisko]

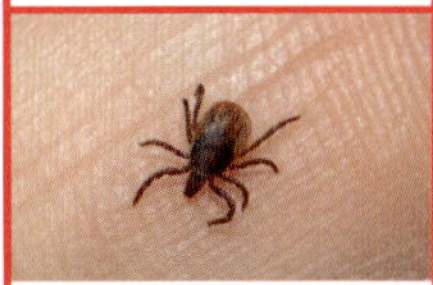

die Zecke
› la garrapata
[garraˈpata]

die Vergiftung
› la intoxicación
[in̪toˠsikaˈθjon]

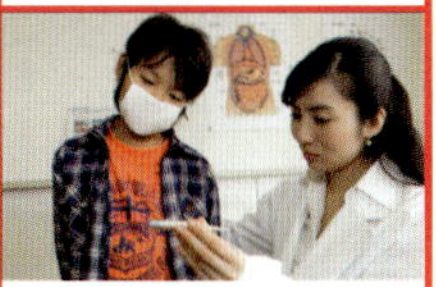

ansteckend
› contagioso (-a)
[kon̪taˈxjoso, -a]

Behinderungen
DISCAPACIDADES

sehbehindert
› deficiente visual
[defiˈθjen̪te βisuˈal]

blind
› ciego (-a)
[ˈθjeɣo, -a]

barrierefrei
› accesible
[aᵞθeˈsiβle]

der Blindenhund
› el perro lazarillo
[ˈperro laθaˈriʝo]

das Hörgerät
› el audífono
[au̯ˈðifono]

die Gebärdensprache
› la lengua de signos
[ˈleŋgwa ðe ˈsignos]

der Rollstuhl
› la silla de ruedas
[ˈsiʝa ðe ˈrrweðas]

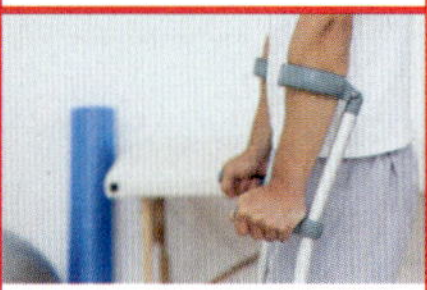

die Krücke
› la muleta
[muˈleta]

der Rollator
› el andador
[an̪daˈðor]

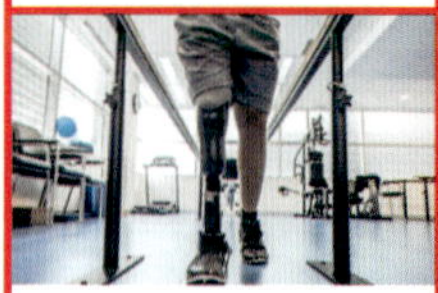

die Prothese
› la prótesis *Inv*
[ˈprotesis]

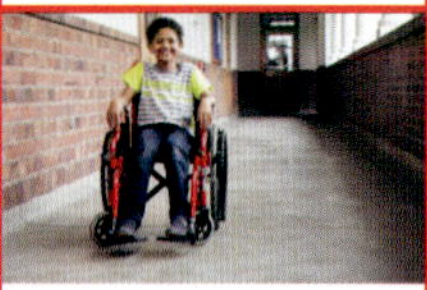

der Rollstuhlfahrer
› la persona en silla de ruedas
[perˈsona en ˈsiʝa ðe ˈrrweðas]

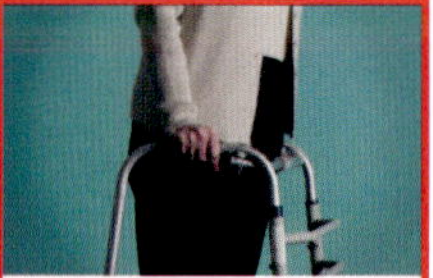

gehbehindert
› con movilidad reducida
[kom moβiliˈðað rreðuˈθiða]

Verletzungen
LESIONES

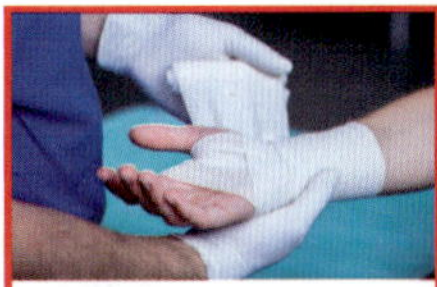

verletzt
› lesionado (-a)
[lesjoˈnaðo, -a]

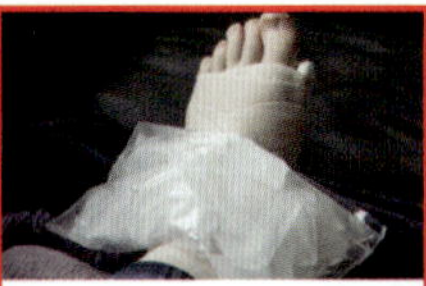

geschwollen
› hinchado (-a)
[inˈʧaðo, -a]

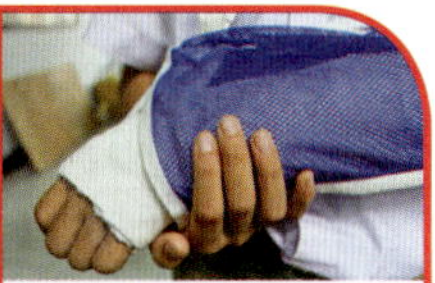

gebrochen
› roto (-a)
[ˈrroto, -a]

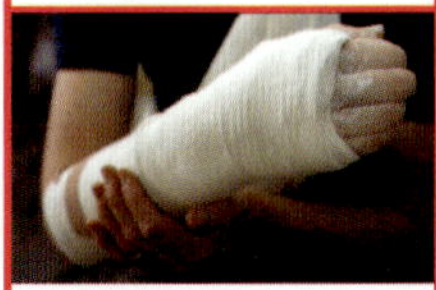

der Gips
› la escayola
[eskaˈɟola]

die Schiene
› la tablilla
[taˈβliɟa]

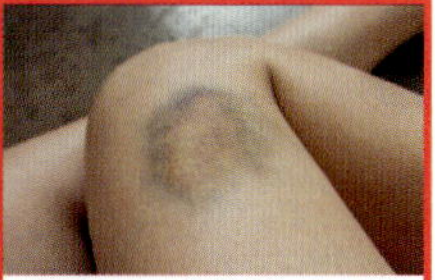

der Bluterguss
› el hematoma
[emaˈtoma]

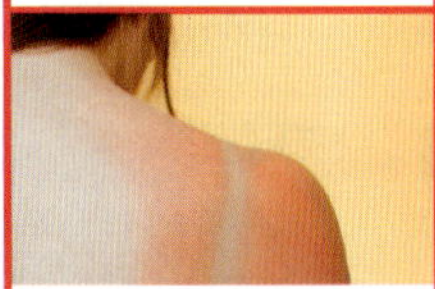

der Sonnenbrand
› la quemadura solar
[kemaˈðura soˈlar]

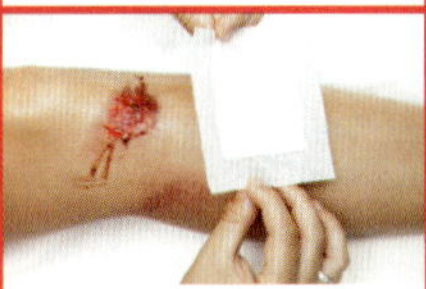

die Wunde
› la herida
[eˈriða]

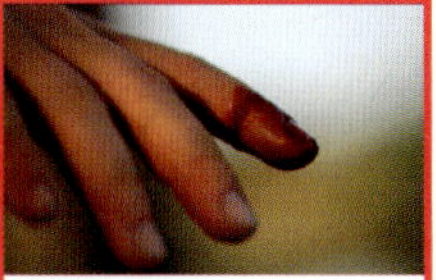

bluten
› sangrar
[saŋˈgrar]

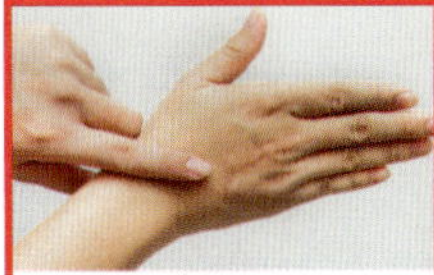

die Narbe
› la cicatriz
[θikaˈtriθ]

gesund
› sano (-a)
[ˈsano, -a]

krank
› enfermo (-a)
[eɱˈfermo, -a]

Wenn Sie bei der Behandlung Ihre Beschwerden beschreiben wollen, können Ihnen folgende Formulierungen und Ausdrücke weiterhelfen:

Ich habe einen Ausschlag/eine Schwellung/Flecken.
› Tengo un sarpullido/hinchazón/manchas.
[ˈteŋgo wn sarpuˈɟiðo/jnʧaˈθon/ˈmanʧas]

Ich habe eine Muskelzerrung/meinen Knöchel verstaucht.
› Tengo un desgarro muscular/un esguince en el tobillo.
[ˈteŋgo wn̩ desˈɣarro muskuˈlar/wn esˈɣin̩θe en el toˈβiɟo]

Ich habe mich geschnitten/verbrannt/verbrüht.
› Me he cortado/quemado/escaldado.
[me e korˈtaðo/keˈmaðo/eskalˈdaðo]

Ich bin gestochen/gebissen worden.
› Me he pinchado/Tengo una mordedura.
[me e pinˈʧaðo/ˈteŋgo ˈwna morðeˈðura]

behindert
› discapacitado (-a)
[diskapaθiˈtaðo, -a]

der Behinderte
› la persona discapacitada
[perˈsona ðiskapaθiˈtaða]

gehörlos
› sordo (-a)
[ˈsorðo, -a]

stumm
› mudo (-a)
[ˈmuðo, -a]

hörgeschädigt
› deficiente auditivo (-a)
[defiˈθjen̩te au̯ðiˈtiβo, -a]

verstaucht
› con un esguince
[kon un esˈɣin̩θe]

gezerrt
› con un tirón
[kon un tiˈron]

eitern
› supurar
[supuˈrar]

die Narbe
› la cicatriz
[θikaˈtriθ]

die Prellung
› la contusión
[kon̩tuˈsjon]

der Bänderriss
› la rotura de ligamentos
[rroˈtura ðe liɣaˈmen̩tos]

die Verstauchung
› el esguince
[esˈɣin̩θe]

der Knochenbruch
› la rotura ósea
[rroˈtura ˈosea]

die Gehirnerschütterung
› conmoción cerebral
[kommoˈθjon̩ θereˈβral]

die Verbrennung
› la quemadura
[kemaˈðura]

Im Krankenhaus
EN EL HOSPITAL

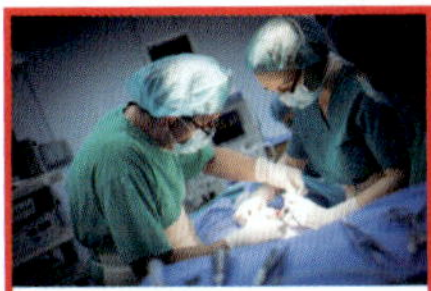

der Chirurg
› el cirujano
[θiruˈxano]

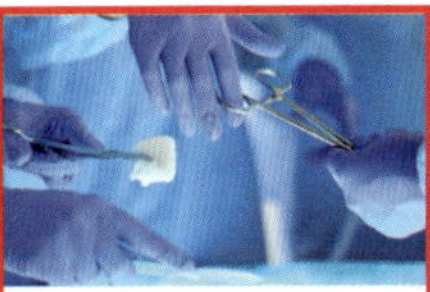

die Operation
› la operación
[operaˈθjon]

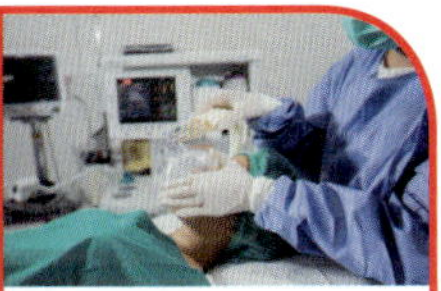

die Narkose
› la anestesia
[anesˈtesja]

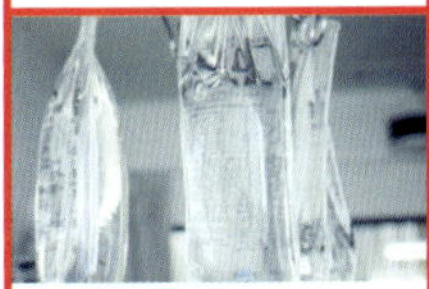

die Infusion
› la terapia intravenosa
[teˈrapja iṇtraβeˈnosa]

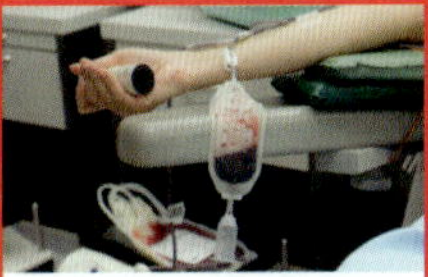

Blut spenden
› donar sangre
[doˈnar ˈsaŋgre]

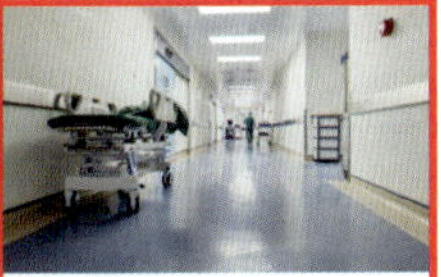

die Station
› la unidad
[uniˈðað]

besuchen
› visitar
[bisiˈtar]

die Krankenschwester
› la enfermera
[eɱferˈmera]

der Pfleger
› el enfermero
[eɱferˈmero]

operieren
› operar
[opeˈrar]

ambulant
› ambulatorio (-a)
[ambulaˈtorjo, -a]

stationär
› hospitalario (-a)
[ospitaˈlarjo, -a]

die Notaufnahme
› la unidad de urgencias
[uniˈðað de urˈxeṇθjas]

der Operationssaal
› la sala de operaciones
[ˈsala ðe operaˈθjones]

sterben
› morir
[moˈrir]

entlassen werden
› recibir el alta
[rreθiˈβir el ˈalta]

die Intensivstation
› la UCI
[ˈuθi]

die Besuchszeiten *Pl*
› el horario de visitas
[oˈrarjo ðe βiˈsitas]

Erste Hilfe

PRIMEROS AUXILIOS

wiederbeleben
› reanimar
[rreaniˈmar]

der Notruf
› la llamada de socorro
[ʝaˈmaða ðe soˈkorro]

der Krankenwagen
› la ambulancia
[ambuˈlan̪θja]

der (die) Notarzt (-ärztin)
› el/la médico (-a) de urgencias
[ˈmeðiko, -a ðe urˈxen̪θjas]

die Notrufnummer
› el teléfono de urgencias
[teˈlefono ðe urˈxen̪θjas]

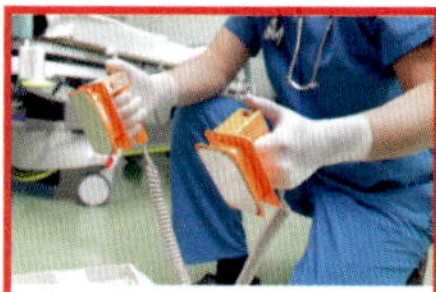

der Defibrillator
› el desfibrilador
[desfiβrilaˈðor]

der Unfall
› el accidente
[aɣθiˈðen̪te]

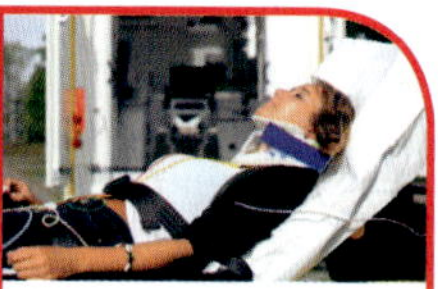

die Verletzte
› la herida
[eˈriða]

die Trage
› la camilla
[kaˈmiʝa]

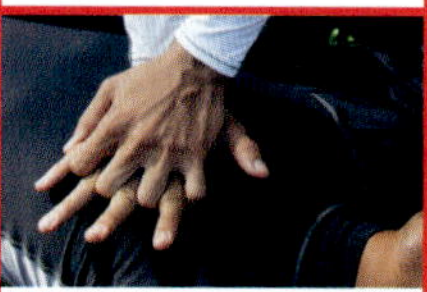

die Herzdruckmassage
› el masaje cardiaco
[maˈsaxe karˈðjako]

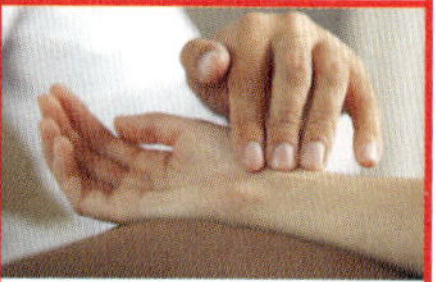

der Puls
› el pulso
[ˈpulso]

die Rettungssanitäterin
› la auxiliar sanitaria de salvamento
[au̯ɣsiˈljar saniˈtarja ðe salβaˈmen̪to]

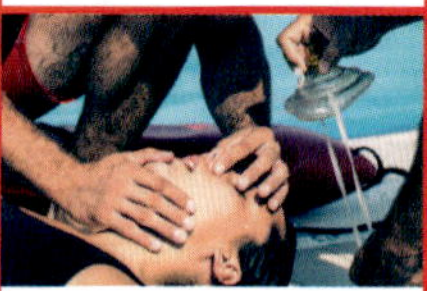

die Mund-zu-Mund-Beatmung
› el boca a boca
[ˈboka a ˈβoka]

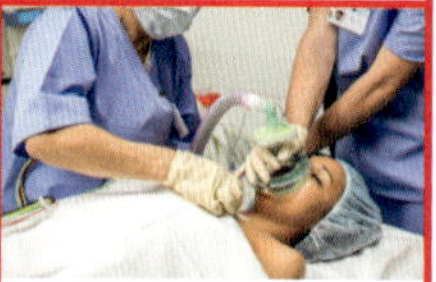

beatmen
› practicar la respiración artificial
[praktiˈkar la rrespiraˈθjon artifiˈθjal]

Polizei & Feuerwehr

POLICÍA Y BOMBEROS

Sollten Sie einmal in die unangenehme Situation kommen, einen Diebstahl oder Überfall bei der Polizei melden zu müssen, können Sie dies folgendermaßen tun:

Ich bin beraubt/überfallen worden.
› Me han robado/atracado.
[me an rro'βaðo/atra'kaðo]

Ich möchte einen Diebstahl/einen Überfall melden.
› Quiero denunciar un robo/un atraco.
['kjero ðenun̪'θjar un 'rroβo/un a'trako]

Mir ist die Handtasche/die Brieftasche/mein Fotoapparat gestohlen worden.
› Me han robado el bolso/la cartera/la cámara de fotos.
[me an rro'βaðo el 'βolso/la kar'tera/la 'kamara ðe 'fotos]

Mein Auto ist aufgebrochen worden.
› Me han abierto el coche.
[me an a'βjerto el 'koʧe]

Aus meinem Auto ist ... gestohlen worden.
› Se han llevado... de mi coche.
[se aɲ ʝe'βaðo... ðe mi 'koʧe]

Wann/Wo ist das genau passiert?
› ¿Cuándo/Dónde ha pasado exactamente?
['kwan̪do/'don̪de a pa'saðo eɣ'sakta'men̪te]

Können Sie den Täter/die Täterin beschreiben?
› ¿Podría describir al autor/a la autora del delito?
[po'ðria ðeskri'βir al aw'tor/a la aw'tora ðel de'lito]

die Gefahr
› el peligro
[pe'liɣro]

helfen
› ayudar
[aʝu'ðar]

die Polizei
› la policía
[poli'θia]

das Polizeiauto
› el coche de policía
['koʧe ðe poli'θia]

das Martinshorn
› la sirena
[si'rena]

das Verbrechen
› el delito
[de'lito]

einbrechen
› entrar a robar
[en̩'trar a rro'βar]

die Waffe
› el arma
['arma]

der (die) Dieb(in)
› el/la ladrón (-ona)
[la'ðron, -ona]

der Diebstahl
› el robo
['rroβo]

der Überfall
› el atraco
[a'trako]

der Mord
› el asesinato
[asesi'nato]

die Entführung
› el secuestro
[se'kwestro]

die Vergewaltigung
› la violación
[bjola'θjon]

die Fahndung
› la investigación
[imbestiɣa'θjon]

die Feuerwehr
› los bomberos *Pl*
[bom'beros]

der Terrorismus
› el terrorismo
[terro'rismo]

die Flamme
› las llamas *Pl*
['ʝamas]

ertrinken
› ahogarse
[ao'ɣarse]

verschüttet
› sepultado (-a)
[sepul̩'taðo, -a]

die Explosion
› la explosión
[esplo'sjon]

die Bombe
› la bomba
['bomba]

die Panne
› la avería
[aβe'ria]

abschleppen
› remolcar
[rremol'kar]

das Ersatzrad
› la rueda de repuesto
['rrweða ðe rre'pwesto]

der Motorschaden
› la avería del motor
[aβe'ria ðel mo'tor]

das Warndreieck
› el triángulo
[tri'aŋɣulo]

die Starthilfe
› el arranque con pinzas
[a'rraŋke kom 'pin̩θas]

der Verbrecher(in)
› el/la delincuente
[deliŋ'kwen̩te]

der Pannendienst
› el servicio de asistencia en carretera
[ser'βiθjo ðe asis'ten̩θja eŋ karre'tera]

die Rauchvergiftung
› la intoxicación (por humo)
[in̩toˠsika'θjon (por 'umo)]

der Einbruch
› robo (con allanamiento)
['rroβo (kon aʝana'mjen̩to)]

retten
› salvar
[salˈβar]

der Polizist
› el agente de policía
[aˈxen̩te ðe poliˈθia]

der Raub
› el asalto
[aˈsal̩to]

die Zeugin
› la testigo
[tesˈtiɣo]

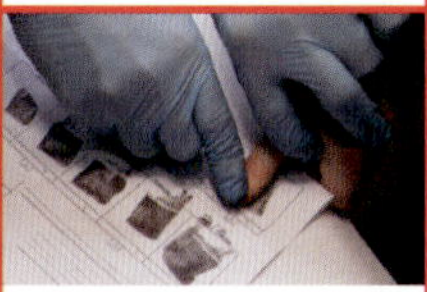

der Verdächtige
› el sospechoso
[sospeˈʧoso]

der Täter
› el autor
[au̯ˈtor]

festnehmen
› arrestar
[arresˈtar]

das Gefängnis
› la cárcel
[ˈkarθel]

fliehen
› fugarse
[fuˈɣarse]

der Vermisste
› el desaparecido
[desapareˈθiðo]

der Feuerwehrmann
› el bombero
[bomˈbero]

das Feuerwehrauto
› el camión de bomberos
[kaˈmjon de bomˈberos]

das Feuer
› el fuego
[ˈfweɣo]

brennen
› arder
[arˈðer]

der Brand
› el incendio
[in̪ˈθen̪djo]

der Rauch
› el humo
[ˈumo]

der Rauchmelder
› el detector de humo
[detekˈtor ðe ˈwmo]

kentern
› naufragar
[nau̯fraˈɣar]

die Rettungsschwimmer
› los socorristas *Pl*
[sokoˈrristas]

die Küstenwache
› la guardia costera
[ˈgwarðja kosˈtera]

die Lawine
› el alud
[aˈluð]

die Sirene
› la sirena
[siˈrena]

der Notausgang
› la salida de emergencia
[saˈliða ðe emerˈxen̪θja]

die Bergwacht
› el equipo de rescate de montaña
[eˈkipo ðe rresˈkate ðe mon̪ˈtaɲa]

Apotheke
FARMACIA

der Apotheker
› el farmacéutico
[farmaˈθeu̯tiko]

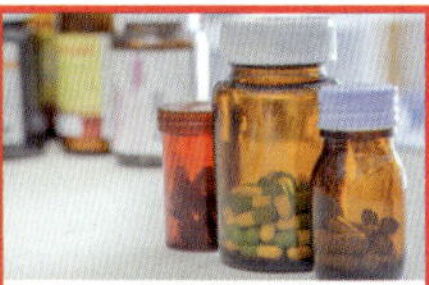

das Medikament
› el medicamento
[meðikaˈmen̪to]

das Rezept
› la receta
[rreˈθeta]

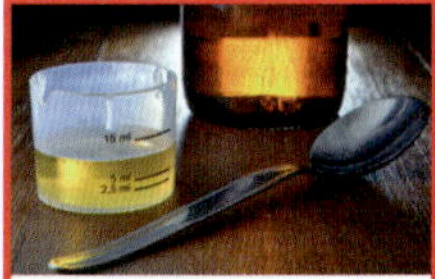

die Dosierung
› la dosis *Inv*
[ˈdosis]

das Beruhigungsmittel
› el calmante
[kalˈman̪te]

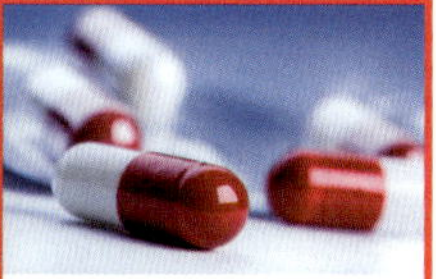

die Tablette
› la pastilla
[pasˈtiʝa]

die Tropfen *Pl*
› las gotas *Pl*
[ˈgotas]

das Zäpfchen
› el supositorio
[suposiˈtorjo]

die Salbe
› la pomada
[poˈmaða]

der/das Spray
› el espray
[esˈprai̯]

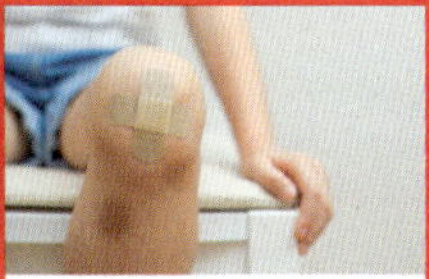

das Pflaster
› la tirita
[tiˈrita]

der Beipackzettel
› el prospecto
[prosˈpekto]

der Verband
› el vendaje
[beṇ'daxe]

das Antibiotikum
› el antibiótico
[aṇti'βjotiko]

das Schmerzmittel
› el analgésico
[anal'xesiko]

die Schlaftablette
› la pastilla para dormir
[pas'tiʝa 'para ðor'mir]

die Pille danach
› la pastilla del día después
[pas'tiʝa ðel 'dia ðes'pwes]

rezeptpflichtig
› con receta
[kon rre'θeta]

die Globuli *Pl*
› los glóbulos homeopáticos *Pl*
['gloβulos omeo'patikos]

die Antibabypille
› la píldora (anticonceptiva)
['pil̩dora (aṇtikoṇθep'tiβa)]

die Nebenwirkung
› los efectos secundarios *Pl*
[e'fektos sekuṇ'darjos]

Folgende Formulierungen können Ihnen in der Apotheke von Nutzen sein:

Ich brauche Pflaster/Verbandszeug/Desinfektionsmittel.
› Necesito tiritas/vendas/un desinfectante.
[neθe'sito ti'ritas/'βeṇdas/wṇ desiɱfek'taṇte]

Haben Sie etwas gegen Schlaflosigkeit?
› ¿Tiene algo para el insomnio?
['tjene 'alɣo 'para el in'somnjo]

Ich habe eine Erkältung/Husten/Halsschmerzen/Bronchitis/Grippe.
› Tengo un resfriado/tos/dolor de garganta/bronquitis/gripe.
['teŋgo wn rresfri'aðo/tos/ðo'lor ðe gar'ɣaṇta/broŋ'kitis/'ɣripe]

Ich brauche ein Mittel gegen Heuschnupfen/Migräne/Ohrenschmerzen.
› Necesito algo para la alergia al polen/la migraña/el dolor de oídos.
[neθe'sito 'alɣo 'para la a'lerxja al 'polen/la mi'ɣraɲa/el do'lor ðe o'iðos]

Dieses Mittel ist verschreibungspflichtig.
› Esto no lo podemos vender sin receta.
['esto no lo po'ðemos beṇ'der sin rre'θeta]

Nehmen Sie diese Tabletten bitte vor den Mahlzeiten.
› Tómese estas pastillas antes de las comidas.
['tomese 'estas pas'tiʝas 'aṇtes ðe las ko'miðas]

Reiben Sie die Salbe zweimal täglich ein.
› Échese la pomada dos veces al día.
['etʃese 'la po'maða ðos 'βeθes al 'dia]

Zahlen, Zeit, Geld, Maße und Gewichte

Mehr als nur eine Nummer: Es ist an der Zeit, sich mit Begriffen rund um Zahlen, Gewichte und Zeiteinheiten auseinanderzusetzen.

Die Zahlen
LOS NÚMEROS

Legen Sie Wert auf Zahlen. Kommen Sie mit Maß ans Ziel: ob Tag oder Nacht, Sommer oder Winter, in Stunden oder Sekunden. Verschaffen Sie sich einen Überblick über die verschiedenen Einheiten.

eins
› uno
[ˈuno]

zwei
› dos
[dos]

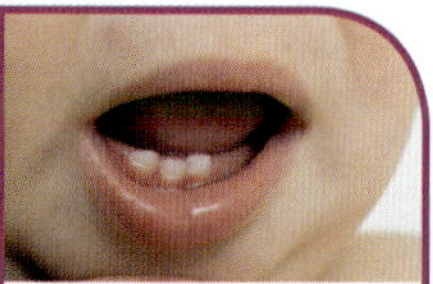

drei
› tres
[tres]

vier
› cuatro
[ˈkwatro]

fünf
› cinco
[ˈθiŋko]

sechs
› seis
[sei̯s]

sieben
› siete
[ˈsjete]

acht
› ocho
[ˈoʧo]

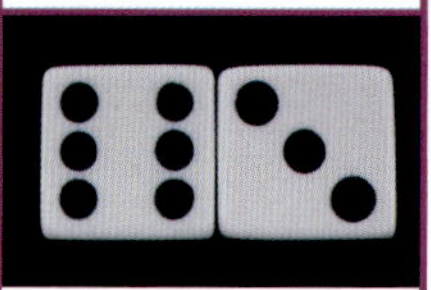

neun
› nueve
[ˈnweβe]

zehn
› diez
[djeθ]

elf
› once
[ˈon̥θe]

zwölf
› doce
[ˈdoθe]

dreizehn
› trece
['treθe]

vierzehn
› catorce
[catorce]

fünfzehn
› quince
['kin̪θe]

sechzehn
› dieciséis
[djeθi'sei̯s]

siebzehn
› diecisiete
[djeθi'sjete]

achtzehn
› dieciocho
[dje'θjotʃo]

neunzehn
› diecinueve
[djeθi'nweβe]

einundzwanzig
› veintiuno
[bei̯n'tjuno]

zweiundzwanzig
› veintidós
[bei̯nti'ðos]

dreiundzwanzig
› veintitrés
[bei̯nti'tres]

hundert(und)eins
› ciento uno
['θjen̪to 'u̯no]

zweihundert
› doscientos
[dos'θjen̪tos]

hunderttausend
› cien mil
[θjen mil]

dreihundert
› trescientos
[tres'θjen̪tos]

(ein)tausend
› mil
[mil]

(ein)tausend(und)eins
› mil uno
[mil 'uno]

zweitausend
› dos mil
[dos mil]

zehntausend
› diez mil
[djeθ mil]

fünfundsiebzigtausend
› setenta y cinco mil
[se'ten̪ta i̯ 'θiŋko mil]

zweihundert(und)zwanzig
› doscientos veinte
[dos'θjen̪tos 'bei̯n̪te]

zwanzig
› veinte
[ˈbei̯nte]

dreißig
› treinta
[ˈtrei̯n̪ta]

vierzig
› cuarenta
[kwaˈren̪ta]

fünfzig
› cincuenta
[θiŋˈkwen̪ta]

sechzig
› sesenta
[seˈsen̪ta]

siebzig
› setenta
[seˈten̪ta]

achtzig
› ochenta
[oˈʧen̪ta]

neunzig
› noventa
[noˈβen̪ta]

hundert
› cien
[θjen]

eine Million
› un millón
[um miˈʝon]

eine Milliarde
› mil millones
[mil miˈʝones]

eine Billion
› un billón
[um biˈʝon]

Die Bruchzahlen

LAS FRACCIONES

eineinhalb
› uno y medio/una y media
[ˈuno i̯ˈmeðjo/ˈuna i̯ˈmeðja]

ein Drittel
› un tercio
[un̪ ˈterθjo]

eine halbe
› media (-a)
[ˈmeðja, -a]

ein Paar
› un par
[um par]

ein paar
› unos cuantos/unas cuantas
[ˈunos ˈkwan̪ tos/ ˈunas ˈkwan̪ tas]

viel
› muchas *Pl*
[ˈmuʧas]

einige
› algunos *Pl*
[alˈɣunos]

beide
› los/las dos *Pl*
[los/las ðos]

alle
› todos *Pl*
[ˈtoðos]

ein Viertel
› un cuarto
[uŋ ˈkwarto]

dreifach
› triple
[ˈtriple]

manche
› algunos
[alˈɣunos]

einfach
› sencillo (-a)
[sen̪ˈθiʝo, -a]

mehrfach/vielfach
› múltiple
[ˈmul̪tiple]

zweifach/doppelt
› doble
[ˈdoβle]

wenig
› pocos *Pl*
[ˈpokos]

Maße und Gewichte

MEDIDAS Y PESOS

die Tonne
› la tonelada
[toneˈlaða]

der Grad
› el grado
[ˈgraðo]

Celsius
› centígrado
[θen̪ˈtiɣraðo]

der/das Millimeter
› el milímetro
[miˈlimetro]

der/das Zentimeter
› el centímetro
[θen̪ˈtimetro]

der/das Meter
› el metro
[ˈmetro]

der Kilometer
› el kilómetro
[kiˈlometro]

der/das Quadratmeter
› el metro cuadrado
[ˈmetro kwaˈðraðo]

das Gramm
› el gramo
[ˈgramo]

das Pfund
› el medio kilo
[ˈmeðjo ˈkilo]

der/das Kubikmeter
› el metro cúbico
[ˈmetro ˈkuβiko]

das Kilogramm
› el kilo
[ˈkilo]

1 **der/das Liter**
› el litro
[ˈlitro]

2 **das Pint**
› el medio litro
[ˈmeðjo ˈlitro]

LISA
Nina, wir hatten doch verabredet, dass ich uns Karnevalskostüme nähe.
› Nina, habíamos quedado en que me encargaría yo de hacer los disfraces para el carnaval.

NINA
Ja, und?
› Sí, ¿qué pasa?

LISA
Dafür brauche ich ein paar Angaben von dir. Wie groß bist du?
› Pues que necesito saber un par de cosillas sobre ti. ¿Cuánto mides?

NINA
Ich bin 1,70 m groß.
› Mido 1,70 m.

LISA
Welche Kleidergröße hast du?
› ¿Qué talla tienes?

NINA
Ich habe Größe 38.
› La 38.

LISA
Ich muss auch noch deine Schuhgröße wissen.
› También necesito saber qué número calzas.

NINA
Ich habe Schuhgröße 39. Sag nur, dass du noch mein Gewicht brauchst!
› Un 39. ¡No me digas que también me vas a preguntar cuánto peso!

LISA
Du hast mir doch letztens gesagt, dass du 60 kg wiegst.
› Me habías dicho ya que pesas 60 kg.

Uhrzeit

LA HORA

ein Uhr
› la una
[la ˈu̯na]

zwei Uhr
› las dos
[las ðos]

drei Uhr
› las tres
[las tres]

die halbe Stunde
› la media hora
[ˈmeðja ˈora]

elf Uhr
› las once
[las ˈon̪θe]

zwölf Uhr
› las doce
[las ˈðoθe]

dreizehn Uhr
› la una de la tarde
[la ˈu̯na ðe la ˈtarðe]

vierzehn Uhr
› las dos de la tarde
[las ðos ðe la ˈtarðe]

fünfzehn Uhr
› las tres de la tarde
[las tres ðe la ˈtarðe]

Wenn Sie verreisen oder sich verabreden spielt die Uhrzeit eine wichtige Rolle:

um 9 Uhr morgens
› a las nueve de la mañana
[a las ˈnweβe ðe la maˈɲana]

um 1 Uhr mittags
› a la una de la tarde
[a la ˈu̯na ðe la ˈtarðe]

um 6 Uhr abends
› a las seis de la tarde
[a las sei̯s ðe la 'tarðe]

halb zehn
› las nueve y media
[las 'nweβe i̯ 'meðja]

Viertel vor 9
› las nueve menos cuarto
[las 'nweβe 'menos 'kwarto]

Viertel nach 10
› las diez y cuarto
[las ðjeθ i 'kwarto]

zehn vor vier
› las cuatro menos diez
[las 'kwatro 'menos ðjeθ]

zwanzig nach sieben
› las siete y veinte
[las 'sjete i̯ 'bei̯nte]

1 **die Minute**
› el minuto
[mi'nuto]

2 **die Stunde**
› la hora
['ora]

3 **die Sekunde**
› el segundo
[se'ɣun̪do]

Weitere Zeitbegriffe

OTRAS NOCIONES DE TIEMPO

das Datum
› la fecha
[ˈfeʧa]

morgen
› mañana
[maˈɲana]

übermorgen
› pasado mañana
[paˈsaðo maˈɲana]

gestern
› ayer
[aˈɟer]

früh
› temprano
[temˈprano]

früher
› más temprano
[mas temˈprano]

spät
› tarde
[ˈtarðe]

später
› más tarde
[mas ˈtarðe]

stündlich
› cada hora
[ˈkaða ˈora]

täglich
› cada día
[ˈkaða ˈðia]

jetzt
› ahora
[aˈora]

vorgestern
› anteayer
[an̪teaˈɟer]

Hier ein paar wichtige Formulierungen, um über Termine zu sprechen:

jede Woche
› cada semana
[ˈkaða seˈmana]

nächste Woche
› la semana que viene
[la seˈmana ke ˈβjene]

innerhalb einer Woche
› en el plazo de una semana
[en el ˈplaθo ðe ˈwna seˈmana]

am Wochenende
› el fin de semana
[el fin̪ de seˈmana]

in einer Woche/in zwei Wochen
› dentro de una semana/dos semanas
[ˈden̪tro ðe ˈu̯na seˈmana/ðos seˈmanas]

diese Woche
› esta semana
[ˈesta seˈmana]

letzten Montag
› el lunes pasado
[el ˈlunes paˈsaðo]

jeden Tag
› todos los días
[ˈtoðos los ˈðias]

vor einer Stunde
› hace una hora
[ˈaθe ˈu̯na ˈora]

Die Tageszeiten
LAS PARTES DEL DÍA

der Morgen
› la mañana temprano
[maˈɲana temˈprano]

der Vormittag
› la mañana
[maˈɲana]

der Mittag
› el mediodía
[meðjoˈdia]

der Nachmittag
› la sobremesa/hora de la siesta
[soβreˈmesa/ˈora ðe la ˈsjesta]

der Abend
› la tarde
[ˈtarðe]

die Nacht
› la noche
[ˈnoʧe]

die Mitternacht
› la medianoche
[meðjaˈnoʧe]

der Sonnenaufgang
› el amanecer
[amaneˈθer]

der Sonnenuntergang
› el atardecer
[atarðeˈθer]

nachts
› por la(s) noche(s)
[por la(s) ˈnoʧe(s)]

vormittags
› por la(s) mañana(s)
[por la(s) maˈɲana(s)]

abends
› por la(s) tarde(s)
[por la(s) ˈtarðe(s)]

nachmittags
› en la(s) sobremesa(s)/ a la hora de la siesta
[en la(s) soβreˈmesa(s)/a la ˈora ðe la ˈsjesta]

morgens
› por la(s) mañana(s) temprano
[por la(s) maˈɲana(s) temˈprano]

mittags
› al mediodía/los mediodías
[al meðjoˈdia/los meðjoˈdias]

Diese Formulierungen könne Sie einsetzen, wenn Sie über den Tagesablauf sprechen:

heute Morgen/Mittag/Abend
› esta mañana/este mediodía/esta tarde
['esta ma'ɲana/'este meðjo'dia/'esta 'tarðe]

am Morgen/Mittag/Abend
› por la mañana/al mediodía/por la tarde
[por la ma'ɲana/al meðjo'dia/por la 'tarðe]

Um 17 Uhr.
› A las cinco de la tarde.
[a las 'θiŋko ðe la 'tarðe]

Gegen 4 Uhr.
› Sobre las cuatro.
['soβre las 'kwatro]

In einer Stunde./In zwei Stunden.
› Dentro de una hora/dos horas.
['den̪tro ðe 'u̯na 'ora/ðos 'oras]

Nicht vor 9 Uhr morgens.
› No antes de las nueve de la mañana.
[no 'an̪tes ðe las 'nweβe ðe la ma'ɲana]

Nach 8 Uhr abends.
› Después de las ocho de la tarde.
[des'pwes ðe las 'oʧo ðe la 'tarðe]

Zwischen 3 und 4.
› Entre las tres y las cuatro.
['en̪tre las tres i las 'kwatro]

Von 10 bis 11 Uhr.
› De diez a once.
[de ðjeθ a 'on̪θe]

Bis 5 Uhr.
› Hasta las cinco.
['asta las 'θiŋko]

Die Woche
LA SEMANA

1 der Tag
› el día
['dia]

2 der Feiertag
› el festivo
[fes'tiβo]

3 der Montag
› el lunes *Inv*
['lunes]

4 der Dienstag
› el martes *Inv*
['martes]

5 der Mittwoch
› el miércoles *Inv*
['mjerkoles]

6 der Donnerstag
› el jueves *Inv*
['xweβes]

7 der Freitag
› el viernes *Inv*
['bjernes]

8 der Samstag
› el sábado
['saβaðo]

9 der Sonntag
› el domingo
[do'miŋgo]

der Wochentag
› el día entre semana
['dia 'en̪tre se'mana]

das Wochenende
› el fin de semana
[fin̪ ðe se'mana]

das Schaltjahr
› el año bisiesto
['aɲo βi'sjesto]

Das Jahr
EL AÑO

der Januar
› enero
[eˈnero]

der Februar
› febrero
[feˈβrero]

der März
› marzo
[ˈmarθo]

der April
› abril
[aˈβril]

der Mai
› mayo
[ˈmaɟo]

der Juni
› junio
[ˈxunjo]

der Juli
› julio
[ˈxuljo]

der August
› agosto
[aˈɣosto]

der September
› septiembre
[sepˈtjembre]

der Oktober
› octubre
[okˈtuβre]

der November
› noviembre
[noˈβjembre]

der Dezember
› diciembre
[diˈθjembre]

Die Jahreszeiten und Wetter

LAS ESTACIONES Y EL CLIMA

der Frühling
› la primavera
[primaˈβera]

der Sommer
› el verano
[beˈrano]

der Herbst
› el otoño
[oˈtoɲo]

der Winter
› el invierno
[imˈbjerno]

wolkig
› nuboso (-a)
[nuˈβoso, -a]

neblig
› con niebla
[konˈnjeβla]

windig
› ventoso (-a)
[ben̪ˈtoso, -a]

stürmisch
› tormentoso (-a)
[tormen̪ˈtoso, -a]

sonnig
› soleado (-a)
[soleˈaðo, -a]

Rund ums Geld

RELATIVO AL DINERO

die Bank
› el banco
['baŋko]

das Geld
› el dinero
[di'nero]

das Bargeld
› el dinero en efectivo
[di'nero en efek'tiβo]

die Münze
› la moneda
[mo'neða]

die Bankkarte
› la tarjeta bancaria
[tar'xeta βaŋ'karja]

die Unterschrift
› la firma
[fir'ma]

das Konto
› la cuenta
['kweṇta]

die Kontonummer
› el número de cuenta
['numero ðe 'kweṇta]

der Geldautomat
› el cajero
[ka'xero]

die Geheimzahl
› el número secreto
['numero se'kreto]

Geld auszahlen
› sacar dinero
[sa'kar ði'nero]

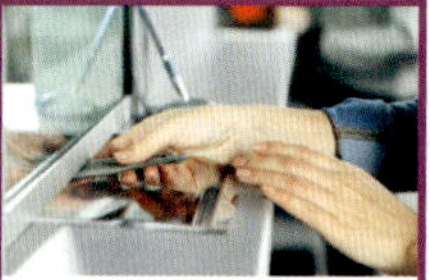

Geld einzahlen
› ingresar dinero
[iŋgre'sar ði'nero]

1 das Sparschwein
› la hucha
[ˈutʃa]

2 der Geldschein
› el billete
[biˈɟete]

3 das Kleingeld
› la calderilla
[kal̪deˈriɟa]

der Kontostand
› el saldo
[ˈsal̪do]

das Onlinebanking
› la banca online
[ˈbaŋka onˈlai̯n]

das Password
› la contraseña
[kon̪traˈseɲa]

Geld abheben
› sacar dinero
[saˈkar ðiˈnero]

die Auslandsgebühr
› la comisión
[komiˈsjon]

die Rechnung
› la factura
[fakˈtura]

Geld abheben

HERR NEU
Können Sie uns bitte sagen, wo hier eine Bank ist?
› ¿Sabría indicarnos dónde hay un banco por aquí?

PASSANT
Ja, sehen Sie, dort hinten ist eine Bankfiliale.
› Sí, miren, allí detrás hay una sucursal.

HERR NEU
Danke.
› Gracias.

FRAU NEU (AM AUTOMATEN)
Hier ist die EC-Karte.
› Aquí está la tarjeta.

FRAU NEU
Oh, der Geldautomat akzeptiert die Karte nicht. Lass uns zum Bankschalter gehen.
› Vaya, el cajero no acepta la tarjeta. Vamos al mostrador.

HERR NEU
Ich möchte bitte 100 Euro von meinem Konto abheben.
› Me gustaría sacar cien euros de mi cuenta.

BANKMITARBEITER
Ja gerne. Ihre EC-Karte, bitte.
› Muy bien. Su tarjeta, por favor.

Die Währung
MONEDA Y DIVISA

der Wechselkurs
› el tipo de cambio
['tipo ðe 'kambjo]

der Euro
› el euro
['eu̯ro]

der Schweizer Franken
› el franco suizo
['fraŋko 'swiθo]

umtauschen
› convertir
[komber'tir]

der Cent
› el céntimo
['θen̦timo]

die Quittung
› el recibo
[rre'θiβo]

die Wechselstube
› la oficina de cambio
[ofi'θina ðe 'kambjo]

das Pfund
› la libra
['liβra]

der Dollar
› el dólar
['dolar]

Fragewörter

INTERROGATIVOS

wer › quién [kjen]	**was** › qué [ke]	**wann** › cuándo [ˈkwan̪do]

warum › por qué [por ke]	**welche (r, s)** › qué/cuál [ke/kwal]	**wie** › cómo [ˈkomo]

wessen › de quién [de kjen]	**wem** › a quién [a kjen]	**wen** › a quién [a kjen]	**wo/wohin/woher** › dónde/adónde/de dónde [ˈdon̪de/aˈðon̪de/de ˈðon̪de]

Modal- und Hilfsverben

VERBOS AUXILIARES

Modalverben sind *dürfen, können, mögen, müssen, sollen* und *wollen*. Mit diesen Verben können wir den Inhalt einer Aussage ändern: Es macht zum Beispiel einen großen Unterschied, ob wir etwas machen wollen oder müssen.

Darf man hier parken?
› ¿Se puede aparcar aquí?
[se ˈpweðe aparˈkar aˈki]

Wir dürfen den Zug nicht vepassen!
› ¡No podemos perder el tren!
[no poˈðemos perˈðer el̪ tren]

Das Hotel dürfte ganz hier in der Nähe sein.
› El hotel ya debería estar cerca.
[el oˈtel ʝa ðeβeˈria esˈtar ˈθerka]

Ich kann leider kein Chinesisch.
› Me temo que no sé chino.
[me ˈtemo ke no se ˈʧino]

Kann ich dir etwas zu trinken mitbringen?
› ¿Puedo traerte algo para beber?
[ˈpweðo traˈerte ˈalɣo ˈpara βeˈβer]

Könnte ich ein Glas Wasser haben? - Natürlich!
› ¿Me podrías traer un vaso de agua? - ¡Pues claro!
[me poˈðrias traˈer um ˈbaso ðe ˈaɣwa - pwes ˈklaro]

Ich mag gerne Fisch.
› Me gusta el pescado.
[me ˈɣusta el pesˈkaðo]

Ich möchte nicht mehr länger bleiben.
› No me gustaría quedarme más.
[no me ɣustaˈria keˈðarme mas]

Ich muss unbedingt zum Arzt.
› Tengo que ir al médico, sin falta.
[ˈteŋgo ke ir al ˈmeðiko siɱ ˈfal̪ta]

Da müsst ihr unbedingt hinfahren!
› ¡Deberíais ir allí sin falta!
[deβeˈriai̯s ir aˈʝi siɱ ˈfal̪ta]

Soll ich Ihnen helfen?
› ¿Quiere que le ayude?
[ˈkjere ke le aˈʝuðe]

Wir sollten den Flieger auf keinen Fall verpassen!
› ¡No deberíamos perder el avión bajo ningún concepto!
[no ðeβeˈriamos perˈðer el aˈβjom ˈbaxo niŋˈguŋ kon̟ˈθepto]

Jim will unbedingt nach Italien fahren.
› Jim quiere ir a Italia, sí o sí.
[ʝim ˈkjere ir a iˈtalja si o si]

Wir wollen im Winter nach Österreich fahren.
› Este invierno queremos ir a Austria.
[ˈeste imˈbjerno keˈremos ir a ˈau̯strja]

Konjunktionen
CONJUNCIONES

und
› y/e
[i/e]

oder
› o/u
[o/u]

aber
› pero
[ˈpero]

als
› como
[ˈkomo]

während
› mientras
[ˈmjen̪tras]

obwohl
› aunque
[ˈau̯ŋke]

ob
› si
[si]

da
› ya que
[ʝa ke]

weil
› porque
[ˈporke]

dass
› que
[ke]

wenn
› cuando
[ˈkwan̪do]

falls
› (por) si
[(por) si]

indem
› al
[al]

nachdem
› después de (que)
[desˈpwes ðe (ke)]

bevor
› antes de (que)
[ˈan̪tes de (ke)]

seitdem
› desde (que)
[ˈdesðe (ke)]

sondern
› sino
[ˈsino]

statt
› en vez de
[em ˈbeθ ðe]

sowohl ... als auch
› tanto... como
[ˈtan̪to... ˈkomo]

entweder ... oder
› o... o
[o... o]

je ... desto
› cuanto... tanto
[ˈkwan̪to... ˈtan̪to]

bevor
› antes de
[ˈan̪tes ðe]

seit/bis wann
› desde/hasta cuándo
[ˈdesðe/ˈasta ˈkwan̪do]

wie viel
› cuánto (-a)
[ˈkwan̪to, -a]

außer
› menos/excepto
[ˈmenos/esˈθepto]

bis
› hasta
[ˈasta]

Präpositionen
PREPOSICIONES

auf
› encima de
[en̪ˈθima ðe]

unter
› debajo de
[deˈβaxo ðe]

neben
› al lado de
[al ˈlaðo ðe]

hinter
› detrás de
[deˈtras ðe]

vor
› delante de
[deˈlan̪te ðe]

zwischen
› entre
[ˈen̪tre]

über
› por encima de
[por en̪ˈθima ðe]

durch
› a través de
[a traˈβes ðe]

gegen
› contra
[ˈkon̪tra]

mit
› con
[kon]

ohne
› sin
[sin]

für
› para
[ˈpara]

seit
› desde
[ˈdesðe]

trotz
› a pesar de
[a peˈsar ðe]

von
› de
[de]

vor (*zeitl.*)
› antes de
[ˈan̪tes ðe]

nach (*örtl.*)
› detrás de
[deˈtras ðe]

nach (*zeitl.*)
› después de
[desˈpwes ðe]

zu
› a/en
[a/en]

gegenüber
› enfrente de
[eɱˈfren̪te ðe]

außerhalb
› fuera de
[ˈfwera ðe]

Pronomen
PRONOMBRES

ich
› yo
[ɟo]

du
› tú
[tu]

er
› él
[el]

es
› él, ella
[el, ˈeɟa]

wir
› nosotros (-as)
[noˈsotros, -as]

Sie
› usted
[usˈteᶞ]

sie
› ella
[ˈeɟa]

sie
› ellos (-as)
[ˈeɟos, -as]

ihr
› vosotros (-as)
[boˈsotros, -as]

Sie
› ustedes
[usˈteðes]

mein (e)
› mi
[mi]

dein (e)
› tu
[tu]

Ihr (e)
› su
[su]

sein (e) *(männl/sächl)*
› su
[su]

ihr (e)
› su
[su]

unser (e)
› nuestro (-a)
[ˈnwestro, -a]

euer
› vuestro (-a)
[ˈbwestro, -a]

eure
› vuestro (-a)
[ˈbwestro, -a]

Ihr (e)
› su
[su]

ihr (e)
› su
[su]

keine (r, s)
› ningún (-una)
[niŋˈgun(a)]

irgendjemand
› cualquiera
[kwal'kjera]

irgendetwas
› cualquier cosa
[kwal'kjer 'kosa]

jemand
› alguien
['alɣjen]

niemand
› nadie
['naðje]

man
› se/uno (-a)
[se/uno, -a]

etwas
› algo
['alɣo]

Funktionswörter sind Wörter, die eine grammatische Bedeutung im Satz haben. Dazu zählen *Artikel, Konjunktionen, Partikeln, Pronomen, Präpositionen* sowie *Modal-* bzw. *Hilfsverben*. Hier ein paar Beispielsätze mit je zwei Funktionswörtern:

Artikel: *Die* Frau ist Deutsche, und *der* Mann ist Engländer.
› Artículo: **La** mujer es alemana y **el** hombre es inglés.
[la mu'xer es ale'mana i el 'ombre es iŋ'gles]

Konjunktion: Gestern habe ich deinen Mann gesehen, *und/aber* er hat mich nicht gesehen.
› Conjunción: Ayer vi a tu marido, **y/pero** él no me vio a mí.
[a'ɟer βj a tu 'mariðo i̯/'pero el no me βjo a mi]

Partikel: Sie kann heute *nicht/doch* kommen.
› Adverbio: Hoy **no/sí** puede venir.
[oi̯ no/si 'pweðe βe'nir]

Pronomen: *Ich/Sie* weiß es nicht.
› Pronombre: **Yo/Ella** no lo sé/sabe.
[ɟo/'eɟa no lo se/'saβe]

Präposition: Das Buch liegt *auf/unter* dem Tisch.
› Preposición: El libro está **encima de/debajo de** la mesa.
[el 'liβro es'ta eṇ'θima ðe/ðe'βaxo ðe la 'mesa]

Modal- bzw. Hilfsverb: Er *kann/will* dich nicht hören.
› Verbo auxiliar: No **puede/quiere** oírte.
[no 'pweðe/'kjere o'irte]

Glossar

› Spanisch – Deutsch

A

a [a] zu
a la derecha [a la ðe'retʃa] rechts
a la izquierda [a la iθ'kjerða] links
a la parrilla [a la pa'rriʝa] gegrillt
a pesar de [a pe'sar ðe] trotz
a quién [a kjen] wem, wen
a través de [a tra'βes ðe] durch
a veces [a 'βeθes] manchmal
abonar dinero [aβo'nar ði'nero] Geld auszahlen
aborto, el [a'βorto] die Abtreibung
aborto espontáneo, el [a'βorto espon̪'taneo] die Fehlgeburt
abrigo, el [a'βriɣo] der Mantel
abril [a'βril] der April
abuela, la [a'βwela] die Großmutter
abuelo, el [a'βwelo] der Großvater
abuelos, los *Pl* [a'βwelos] die Großeltern *Pl*
aburrido (-a) [aβu'rriðo, -a] gelangweilt
acampar [akam'par] zelten
accesible [aᵞθe'siβle] barrierefrei
accidente, el [aᵞθi'ðen̪te] der Unfall
aceite, el [a'θei̯te] das Öl
aceitoso (-a) [aθei̯'toso, -a] fettig
aceituna, la [aθei̯'tuna] die Olive
acelga, la [a'θelɣa] der Mangold
acera, la [a'θera] der Gehweg
ácido ['aθiðo] sauer
acompañamiento, el [akompaɲa'mjen̪to] die Beilage
adaptador, el [aðapta'ðor] der Adapter
adónde [a'ðon̪de] wohin
aduana, la (*Amt*) [a'ðwana] der Zoll
aeropuerto, el [aero'pwerto] der Flughafen
afeitarse [afei̯'tarse] sich rasieren
afónico (-a) [a'foniko, -a] heiser
agarrador, el [aɣarra'ðor] der Topflappen
agente de policía, el/la [a'xen̪te ðe poli'θia] der (die) Polizist(in)
agosto [a'ɣosto] der August
agotado (-a) [aɣo'taðo, -a] ausverkauft
agua, el ['aɣwa] das Wasser
agua del grifo, el ['aɣwa ðel 'grifo] das Leitungswasser
agua mineral, el ['aɣwa mine'ral] das Mineralwasser
aguacate, el [aɣwa'kate] die Avocado
aguardiente, el [aɣwar'ðjen̪te] der Schnaps
aguja, la [a'ɣuxa] die Nadel
ahogarse [ao'ɣarse] ertrinken
ahora [a'ora] jetzt
ajo, el ['axo] der Knoblauch
al [al] indem
al este [al 'este] östlich
al lado de [al 'laðo ðe] neben
al norte [al 'norte] nördlich
al oeste [al o'este] westlich
al sur [al sur] südlich
al vapor [al βa'por] gedünstet
alambre, el [a'lambre] der Draht
alargadera, la [alarɣa'ðera] das Verlängerungskabel
albaricoque, el [alβari'koke] die Aprikose
albóndiga, la [al'βon̪diɣa] der Kloß
alcachofa, la [alka'tʃofa] die Artischocke
alcohol, el [al'kol] der Alkohol
alergia, la [a'lerxia] die Allergie
alergia al polen, la [a'lerxja al 'polen] der Heuschnupfen
alérgico (-a) [a'lerxiko, -a (a)] allergisch (auf/gegen)
alfombra, la [al'fombra] der Teppich
algo ['alɣo] etwas
algodón, el [alɣo'ðon] die Baumwolle, die Watte
alguien ['alɣjen] jemand
algunos (-as) *Pl* [al'ɣunos, -as] manche, einige
alicates, los *Pl* [ali'kates] die Kombizange
aliñar [ali'ɲar] anmachen (Salat)
aliño, el [a'liɲo] das Dressing
aliviado (-a) [ali'βjaðo, -a] erleichtert
almeja, la [al'mexa] die Venusmuschel
almendra, la [al'men̪dra] die Mandel
almohada, la [al'moaða] das Kissen
altavoz, el [al̪ta'βoθ] der Lautsprecher
alto (-a) ['al̪to, -a] groß (*hoch*)/hoch (*Absatz*)
alud, el [a'luᶞ] die Lawine
alumno (-a), el (la) [a'lumno, -a] der (die) Schüler(in)
amanecer, el [amane'θer] der Sonnenaufgang
amargo (-a) [a'marɣo, -a] bitter
amarillo (-a) [ama'riʝo, -a] gelb
ambulancia, la [ambu'lan̪θja] der Krankenwagen
ambulatorio (-a) [ambula'torjo, -a] ambulant
ampolla, la [am'poʝa] die Blase (*Haut*)

analgésico, el [anal'xesiko] das Schmerzmittel
ancho (-a) ['antʃo, -a] weit
anchoa, la [an'tʃoa] die Anschovis
andador, el [anda'ðor] der Rollator
andar [an'dar] laufen
andén, el [an'den] das Gleis
anestesia, la [anes'tesja] die Narkose
anguila, la [aŋ'gila] der Aal
anillo, el [a'niʝo] der Ring
animal, el [ani'mal] das Tier
año bisiesto, el ['aɲo βi'sjesto] das Schaltjahr
anorak, el [ano'rak] der Anorak
anteayer [antea'ʝer] vorgestern
antes de (que) ['antes de (ke)] bevor
antibiótico, el [anti'βjotiko] das Antibiotikum
anular, el [anu'lar] der Ringfinger
aparcamiento, el [aparka'mjento] der Parkplatz
aparcar [apar'kar] parken
apartamento turístico, el [aparta'mento tu'ristiko] die Ferienwohnung
apendicitis, la *Inv* [apendi'θitis] die Blinddarmentzündung
aperitivos salados, los *Pl* [aperi'tiβos sa'laðos] das Knabbergebäck
apio, el ['apjo] der/die Stangensellerie
app, la [ap] die App
aprendiz, el/la [apren'diθ] der/die Auszubildende
apuntar [apun'tar] aufschreiben
arándano, el [a'randano] die Heidelbeere
arándano rojo, el [a'randano 'rroxo] die Preiselbeere
árbol, el ['arβol] der Baum
arder [ar'ðer] brennen
área, el ['area] der/das Ar
área de servicio, el ['area ðe ser'βiθjo] die Raststätte
arma, el ['arma] die Waffe
armario, el [ar'marjo] der Schrank
arranque con pinzas, el [a'rraŋke kom 'pinθas] die Starthilfe
arrepentirse [arrepen'tirse] bereuen
arrestar [arres'tar] festnehmen
arriate, el [arri'ate] das Beet
arroz, el [a'rroθ] der Reis
arteria, la [ar'terja] die Arterie
artículo, el [ar'tikulo] die Ware
asado, el [a'saðo] der Braten
asado de cerdo, el [a'saðo ðe 'θerðo] der Schweinebraten
asalto, el [a'salto] der Raub
asar [a'sar] backen
ascensor, el [asθen'sor] der Aufzug
asesinato, el [asesi'nato] der Mord
asfixia, la [as'fiᵞsja] die Atemnot
asombrado (-a) [asom'braðo, -a] erstaunt
áspero (-a) ['aspero, -a] kratzig
aspiradora, la [aspira'ðora] der Staubsauger
asustado (-a) [asus'taðo, -a] verängstigt
atardecer, el [atarðe'θer] der Sonnenuntergang
atasco, el [a'tasko] der Stau
atender [aten'der] bedienen
aterrizar [aterri'θar] landen
ático, el ['atiko] das Dachgeschoss
atornillar [atorni'ʝar] schrauben
atraco, el [a'trako] der Überfall
atractivo (-a) [atrak'tiβo, -a] attraktiv
atún, el [a'tun] der Thunfisch
audífono, el [au'ðifono] das Hörgerät
aunque ['auŋke] obwohl
auriculares, los *Pl* [auriku'lares] der Kopfhörer
auscultar [auskul'tar] abhören
auténticas [au'tentikas] echt
autobús, el [auto'βus] der Bus
autocaravana, la [autokara'βana] das Wohnmobil
autopista, la [auto'pista] die Autobahn
autor (a), el (la) [au'tor(a)] der (die) Täter(in)
auxiliar sanitario (-a) de salvamento, el (la) [auᵞsi'ljar sani'tarjo, -a ðe salβa'mento] der (die) Rettungssanitäter(in)
avería, la [aβe'ria] die Panne
avería del motor, la [aβe'ria ðel mo'tor] der Motorschaden
avión, el [a'βjon] das Flugzeug
ayer [a'ʝer] gestern
ayudar [aʝu'ðar] helfen
ayuntamiento, el [aʝunta'mjento] das Rathaus
azafato (-a), el (la) [aθa'fato, -a] der (die) Flugbegleiter(in)
azúcar, el [a'θukar] der Zucker
azul [a'θul] blau

B

babero, el [ba'βero] das Lätzchen
bacalao, el [baka'lao] der Kabeljau
bacterias, las *Pl* [bak'terjas] die Bakterien *Pl*

bailar [bai̯ˈlar] tanzen
bajar [baˈxar] downloaden
bajo, el [ˈbaxo] das Erdgeschoss
bajo [ˈbaxo] flach (*Absatz*)
balanza, la [baˈlan̪θa] die Waage
balcón, el [balˈkon] der Balkon
baldosa, la [bal̪ˈdosa] die Fliese
ballet, el [baˈle] das Ballett
bañador, el [baɲaˈðor] der Badeanzug, die Badehose
bañarse [baˈɲarse] baden
banca online, la [ˈbaŋka onˈlai̯n] das Onlinebanking
banco, el [ˈbaŋko] die Bank
bandeja, la [ban̪ˈdexa] das Tablett
bañera, la [baˈɲera] die Badewanne
bar, el [bar] die Kneipe
barba, la [ˈbarβa] der Bart
barbilla, la [barˈβiʝa] das Kinn
barco, el [ˈbarko] das Schiff
barra (de pan), la [ˈbarra (ðe pan)] das Baguette
barrer [baˈrrer] kehren
barriga, la [baˈrriɣa] der Bauch
barrio, el [ˈbarrjo] der Stadtteil
bastoncillo (para los oídos), el [baston̪ˈθiʝo (ˈpara los oˈiðos)] das Wattestäbchen
batería, la [bateˈria] der Akku
batidora, la [batiˈðora] der Mixer
bayas, las *Pl* [ˈbaʝas] die Beere
bazo, el [ˈbaθo] die Milz
bebé, el [beˈβe] das Baby, der Säugling
beber [beˈβer] trinken
bebida, la [beˈβiða] das Getränk
beis, Inv [bei̯s] beige
berenjena, la [bereŋˈxena] die Aubergine
biberón, el [biβeˈron] die Saugflasche
biblioteca, la [biβljoˈteka] die Bibliothek
bicicleta, la [biθiˈkleta] das Fahrrad
bien [ˈbjen] schön
bigote, el [biˈɣote] der Schnurrbart
bikini, el [biˈkini] der Bikini
billete, el [biˈʝete] die Fahrkarte, der Geldschein, das Ticket
blanco (-a) [ˈblaŋko, -a] weiß
blanco y negro con nata montada, el [ˈblaŋko i ˈneɣro kon ˈnata mon̪ˈtaða] der Eiskaffee
blando (-a) [ˈblan̪do, -a] weich
blazer, el [ˈblei̯ser] der Blazer
bloc de notas, el [ˈblok de ˈnotas] das Notizbuch
blusa, la [ˈblusa] die Bluse
boca, la [ˈboka] der Mund
boca a boca, el [ˈboka a ˈβoka] die Mund-zu-Mund-Beatmung
bolígrafo, el [boˈliɣrafo] der Kugelschreiber
bollo, el (*größer und länglich*) [ˈboʝo] das Brötchen
bolsa, la [ˈbolsa] die Tüte
bolsa (amniótica), la [bolsa (amˈnjotika)] die Fruchtblase
bolsa de basura, la [ˈbolsa ðe βaˈsura] der Müllbeutel
bolsa de viaje, la [ˈbolsa ðe ˈβjaxe] die Reisetasche
bolsita de té, la [bolˈsita ðe te] der Teebeutel
bolso, el [ˈbolso] die Tasche
bolso de mano, el [ˈbolso ðe ˈmano] die Handtasche
bomba, la [ˈbomba] die Bombe
bombero (-a), el (la) [bomˈbero, -a] der (die) Feuerwehrmann -frau
bomberos, los *Pl* [bomˈberos] die Feuerwehr
bombilla, la [bomˈbiʝa] die Glühbirne
bombón, el [bomˈbon] die Praline
boniato, el [boˈnjato] die Süßkartoffel
boquerón, el [bokeˈron] die Anschovis (*frisch*)
bosque, el [ˈboske] der Wald
bota, la [ˈbota] der Stiefel
bota de agua, la [ˈbota ðe ˈaɣwa] der Gummistiefel
bota de montaña, la [ˈbota ðe mon̪ˈtaɲa] der Wanderschuh
botas de esquí, las *Pl* [ˈbotas ðe esˈki] der Skistiefel
botella, la [boˈteʝa] die Flasche
botón, el [boˈton] der Knopf
brandi, el [ˈbran̪di] der Weinbrand
brazo, el [ˈbraθo] der Arm
brocha (de afeitar), la [ˈbroʧa (ðe afei̯ˈtar)] der Rasierpinsel
brócoli, el [ˈbrokoli] der Brokkoli
brumoso (-a) [bruˈmoso, -a] nebelig
bueno (-a) [ˈbweno, -a] gut
bufanda, la [buˈfan̪da] der Schal
buzón, el [buˈθon] der Briefkasten

C

caballa, la [kaˈβaʝa] die Makrele
cabeza, la [kaˈβeθa] der Kopf
cabina, la [kaˈβina] die Kabine
cable, el [ˈkaβle] das Kabel, die Leitung
cacao (de labios), el [kaˈkao (ðe ˈlaβjos)] der Lippenpflegestift

cada [ˈkaða] jede (r, s)
cada día [ˈkaða ˈðia] täglich
cada hora [ˈkaða ˈora] stündlich
cadena, la [kaˈðena] die Kette
cadera, la [kaˈðera] die Hüfte
caducado (-a) [kaðuˈkaðo, -a] abgelaufen
café, el [kaˈfe] der Kaffee
café con leche, el [kaˈfe kon ˈletʃe] der Milchkaffee
café solo, el [kaˈfe ˈsolo] der Espresso
cafetera, la [kafeˈtera] die Kaffeemaschine
cafetería, la [kafeteˈria] das Café
caja, la [ˈkaxa] die Kasse
caja de cerveza, la [ˈkaxa ðe θerˈβeθa] der Kasten Bier
cajero, el [kaˈxero] der Geldautomat
cajero (-a), el (la) [kaˈxero, -a] der (die) Kassierer(in)
calabacín, el [kalaβaˈθin] die Zucchini
calabaza, la [kalaˈβaθa] der Kürbis
calamar, el [kalaˈmar] der Tintenfisch
calambre, el [kaˈlambre] der Krampf
calcetines, los *Pl* [kal̦θeˈtines] die Socken *Pl*
calculadora, la [kalkulaˈðora] der Taschenrechner
calderilla, la [kal̦deˈriʝa] das Kleingeld
caldo, el [ˈkal̦do] die Brühe
calendario, el [kalen̦ˈdarjo] der Kalender
cálido (-a) [ˈkaliðo, -a] warm
calle, la [ˈkaʝe] die Straße
calmante, el [kalˈman̦te] das Beruhigungsmittel
caluroso (-a) (*Wetter*) [kaluˈroso, -a] heiß
calva, la [ˈkalβa] die Glatze
cama, la [ˈkama] das Bett
cama infantil, la [ˈkama iɱfan̦ˈtil] das Kinderbett
cámara (de fotos), la [ˈkamara (ðe ˈfotos)] der Fotoapparat
cámara digital, la [ˈkamara ðixiˈtal] die Digitalkamera
cámara frigorífica, la [ˈkamara friɣoˈrifika] das Kühlregal
cámara web, la [ˈkamara weᵝ] die Webcam
camarero (-a), el (la) [kamaˈrero, -a] der (die) Kellner(in)
cambiador, el [kambjaˈðor] der Wickeltisch
camilla, la [kaˈmiʝa] die Trage
camino, el [kaˈmino] der Weg
camión, el [kaˈmjon] der Lastwagen
camión de los bomberos, el [kaˈmjon de los bomˈberos] das Feuerwehrauto
camisa, la [kaˈmisa] das Hemd
camiseta, la [kamiˈseta] das T-Shirt
camiseta interior, la [kamiˈseta in̦teˈrjor] das Unterhemd
camping, el [ˈkampiŋ] der Campingplatz
cangrejo, el [kaŋˈgrexo] der Krebs
canónigos, los *Pl* [kaˈnoniɣos] der Feldsalat
cansado (-a) [kanˈsaðo, -a] müde
capucha, la [kaˈputʃa] die Kapuze
capuchino, el [kapuˈtʃino] der Cappuccino
cara, la [ˈkara] das Gesicht
caramelo, el [karaˈmelo] der/das Bonbon
caravana, la [karaˈβana] der Wohnwagen
cárcel, la [ˈkarθel] das Gefängnis
cargador, el [karɣaˈðor] das Ladegerät
caries, la [ˈkarjes] die Karies
carné, el [karˈne] der Ausweis
carné de conducir, el [karˈne ðe kon̦duˈθir] der Führerschein
carne de vacuno, la [ˈkarne ðe βaˈkuno] das Rindfleisch
carne en salsa de nata, la [ˈkarne en ˈsalsa ðe ˈnata] das Geschnetzelte
carnicería, la [karniθeˈria] die Metzgerei
caro (-a) [ˈkaro, -a] teuer
carpa, la [ˈkarpa] der Karpfen
carretera, la [karreˈtera] die Fahrbahn
carretera nacional, la [karreˈtera naθjoˈnal] die Landstraße
carril bici, el [kaˈrril ˈbiθi] der Fahrradweg
carrito, el [kaˈrrito] der Einkaufswagen
carta, la [ˈkarta] die Speisekarte
cartel, el [karˈtel] das Schild
casa, la [ˈkasa] das Haus
cascada, la [kasˈkaða] der Wasserfall
casco, el [ˈkasko] der Fahrradhelm
casco antiguo, el [ˈkasko an̦ˈtiɣwo] die Altstadt
casero (-a) [kaˈsero, -a] selbst gebacken
catorce [catorce] vierzehn
cava, el [ˈkaβa] der Sekt
CD, el [θeˈðe] die CD
cebolla, la [θeˈβoʝa] die Zwiebel
celebrar [θeleˈβrar] feiern

celoso (-a) [θe'loso, -a] eifersüchtig
cementerio, el [θemen̪'terjo] der Friedhof
centímetro, el [θen̪'timetro] der/das Zentimeter
céntimo, el ['θen̪timo] der Cent
centro, el ['θen̪tro] die Innenstadt, die Mitte
centro comercial, el [centro komer'θjal] das Kaufhaus
cepillo, el [θe'piʝo] die Bürste, der Handfeger
cepillo de dientes, el [θe'piʝo ðe ðjen̪tes] die Zahnbürste
cerca ['θerka] nah
cerca, la ['θerka] der Zaun
cerdo, el ['θerðo] das Schweinefleisch
cerebro, el [θe'reβro] das Gehirn
cereza, la [θe'reθa] die Kirsche
cerilla, la [θe'riʝa] das Streichholz
cerveza, la [θer'βeθa] das Bier
cesárea, la [θe'sarea] der Kaiserschnitt
césped, el ['θespe[ð]] der Rasen
cesta, la ['θesta] der Einkaufskorb
chaleco, el [ʧa'leko] die Weste
chalota, la [ʧa'lota] die Schalotte
champán, el [ʧam'pan] der Champagner
champiñón, el [ʧampi'ɲon] der Champignon
champú, el [ʧam'pu] das Shampoo
chanclas, las *Pl* ['ʧaŋklas] die Flipflops® *Pl*
chaqueta, la [ʧa'keta] die Jacke
charlar [ʧar'lar] sich unterhalten
chica, la ['ʧika] das Mädchen
chicle, el ['ʧikle] der/das Kaugummi
chico, el ['ʧiko] der Junge
chincheta, la [ʧin'ʧeta] die Reißzwecke
chocolate, el [ʧoko'late] die Schokolade
chocolate caliente, el [ʧoko'late ka'ljen̪te] die heiße Schokolade
chocolatina, la [ʧokola'tina] der Schokoriegel
choto, el ['ʧoto] das Zicklein
chuleta, la [ʧu'leta] das Kotelett
chumbo, el ['ʧumbo] die Kaktusfeige
chupete, el [ʧu'pete] der Schnuller
cicatriz, la [θika'triθ] die Narbe
ciego (-a) ['θjeɣo, -a] blind
cielo, el ['θjelo] der Himmel
cien [θjen] hundert
cien mil [θjen mil] hunderttausend
cigarrillo electrónico, el [θiɣa'rriʝo elek'troniko] die E-Zigarette
cigarro, el [θi'ɣarro] die Zigarette
cinco ['θiŋko] fünf
cincuenta [θiŋ'kwen̪ta] fünfzig
cincuenta y uno (-a), el (la) [θiŋ'kwen̪ta i̯ uno, -a] einundfünfzigste (r, s)
cine, el ['θine] das Kino
cinta (adhesiva), la ['θin̪ta (aðe'siβa)] der Tesafilm®
cintura, la [θin̪'tura] die Taille
cinturón, el [θin̪tu'ron] der Gürtel
circulación, la [θirkula'θjon] der Kreislauf
ciruela, la [θi'rwela] die Pflaume
cirujano (-a), el (la) [θiru'xano, -a] der (die) Chirurg(in)
cistitis, la *Inv* [θis'titis] die Blasenentzündung
cita, la ['θita] das Date, der Termin
cítrico, el ['θitriko] die Zitrusfrucht
ciudad, la [θju'ða[ð]] die Stadt
claro (-a) ['klaro, -a] hell
clavo, el (*Metallstift*) ['klaβo] der Nagel
cliente , el/la *m, f* ['kljen̪te] der Gast/ der (die) Kunde Kundin
club, el [klu[β]] der Club
coca-cola®, la [koka'kola] das/die Cola
coche, el ['koʧe] das Auto
coche de policía, el ['koʧe ðe poli'θia] das Polizeiauto
cocina, la [ko'θina] die Küche
cocinar [koθi'nar] kochen (*zubreiten*)
cóctel, el [kok'tel] der Cocktail
codo, el ['koðo] der Ellenbogen
col, la [kol] der Kohl
col de Bruselas, la [kol de βru'selas] der Rosenkohl
col de Milán, la [kol de mi'lan] der Wirsing
cola, la ['kola] die Schlange
colegio, el [ko'lexjo] die Schule
coleta, la [ko'leta] der Pferdeschwanz
colgante, el [kol'ɣan̪te] der Anhänger
coliflor, la [koli'flor] der Blumenkohl
colinabo, el [koli'naβo] der Kohlrabi
colorete, el [kolo'rete] das Rouge
columna vertebral, la [ko'lumna βerte'βral] die Wirbelsäule
comedor, el [kome'ðor] das Esszimmer
comentar [komen̪'tar] kommentieren
comer [ko'mer] essen
comestible [komes'tiβle] ungiftig

cómic, el ['komiᵏ] der/das Comic
comida, la [ko'miða] das Essen
comida rápida, la [ko'miða 'rrapiða] das Fastfood
comisión, la [komi'sjon] die Auslandsgebühr
como ['komo] als
cómo ['komo] wie
compañía, la [kompa'ɲia] der Provider
compartimento, el [komparti'men̪to] das Abteil
compra, la ['kompra] der Einkauf
comprar [kom'prar] kaufen
compresa, la [kom'presa] die Damenbinde
con [kon] mit
con el pelo corto [kon el 'pelo 'korto] kurzhaarig
con el pelo gris [kon el 'pelo gris] grauhaarig
con el pelo largo [kon el 'pelo 'larɣo] langhaarig
con forro [koɱ 'forro] gefüttert
con movilidad reducida [kom moβili'ðaᵟ rreðu'θiða] gehbehindert
con receta [kon rre'θeta] rezeptpflichtig
con un esguince [kon un es'ɣin̪θe] verstaucht
con un tirón [kon un ti'ron] gezerrt
concierto, el [kon̪'θjerto] das Konzert
condimentar [kon̪dimen̪'tar] würzen
condón, el [kon̪'don] das Kondom
conducir [kon̪du'θir] fahren
conejo, el [ko'nexo] das Kaninchen
conexión, la [koneᵞ'sjon] der Anschluss
congelador, el [koŋxela'ðor] die Gefriertruhe
conmoción cerebral [koᵐmo'θjon̪ θere'βral] die Gehirnerschütterung
conocido (-a), el (la) [kono'θiðo, -a] der/die Bekannte
constipado, el [konsti'paðo] der Schnupfen
consulta, la [kon'sul̪ta] das Sprechzimmer
contagioso (-a) [kon̪ta'xjoso, -a] ansteckend
contento (-a) [kon̪'ten̪to, -a] zufrieden
continente, el [kon̪ti'nen̪te] der Kontinent
contra ['kon̪tra] gegen
contracciones, las *Pl* [kon̪traᵞ'θjones] die Wehen *Pl*
contraseña, la [kon̪tra'seɲa] das Password
control de seguridad, el [kon̪'trol de seɣuri'ðaᵟ] die Sicherheitskontrolle
contusión, la [kon̪tu'sjon] die Prellung
conversación, la [kombersa'θjon] das Gespräch
copiar [ko'pjar] kopieren
copos de avena, los *Pl* ['kopos ðe a'βena] die Haferflocken *Pl*
corazón, el [kora'θon] das Herz
corbata, la [kor'βata] die Krawatte
corcho, el ['korʧo] der Korken
cordero, el [kor'ðero] das Lammfleisch
cordón, el [kor'ðon] der Schnürsenkel
corriente, la [ko'rrjen̪te] der Strom
cortacésped, el [korta'θespeᵟ] der Rasenmäher
cortar el césped [kor'tar el 'θespeᵟ] Rasen mähen
cortina, la [kor'tina] der Vorhang
coser [ko'ser] nähen
costilla, la [kos'tiʝa] die Rippe
crédito, el ['kreðito] der Kredit
crema, la ['krema] die Creme
crema de cacao y avellanas, la ['krema ðe ka'kao i aβe'ʝanas] die Nussnougatcreme
crema para el calzado, la ['krema 'para el kal'θaðo] die Schuhcreme
crema solar, la ['krema so'lar] die Sonnencreme
cremallera, la [krema'ʝera] der Reißverschluss
crep, el [kreᵖ] die Crêpe
croqueta, la [kro'keta] die Krokette
cruasán, el [krwa'san] das Croissant
cruce, el ['kruθe] die Kreuzung
crucero, el [kru'θero] die Kreuzfahrt
cuadrado (-a) [kwa'ðraðo, -a] quadratisch, (vier)eckig
cuadro sanguíneo, el ['kwaðro saŋ'gineo] das Blutbild
cualquier cosa [kwal'kjer 'kosa] irgendetwas
cualquiera [kwal'kjera] irgendjemand
cuando ['kwan̪do] wenn
cuándo ['kwan̪do] wann
cuánto (-a) ['kwan̪to, -a] wie viel
cuánto tiempo ['kwan̪to 'tjempo] wie lange
cuanto... tanto ['kwan̪to... 'tan̪to] je ... desto
cuántos (-as) *Pl* ['kwan̪tos, -as] wie viele
cuarenta [kwa'ren̪ta] vierzig
cuarto (-a), el (la) ['kwarto, -a] vierte(r, s)

C

cuarto de baño, el [ˈkwarto ðe ˈbaɲo] das Badezimmer
cuarto de hora, el [ˈkwarto ðe ˈora] die Viertelstunde
cuarto de los niños, el [ˈkwarto ðe los ˈniɲos] das Kinderzimmer
cuarto de trabajo, el [ˈkwarto ðe traˈβaxo] das Arbeitszimmer
cuatro [ˈkwatro] vier
cubierta, la [kuˈβjerta] der Umschlag
cubiertos, los *Pl* [kuˈβjertos] das Besteck
cubo de basura, el [ˈkuβo ðe βaˈsura] der Mülleimer
cubo de construcción, el [ˈkuβo ðe konstruˠˈθjon] der Bauklotz
cuchara, la [kuˈʧara] der Esslöffel
cuchara de palo, la [kuˈʧara ðe ˈpalo] der Kochlöffel
cucharilla, la [kuʧaˈriʝa] der Teelöffel
cuchilla desechable, la [kuˈʧiʝa deseˈʧaβle] der Einwegrasierer
cuchillo, el [kuˈʧiʝo] das Messer
cuello, el [ˈkweʝo] der Hals, der Kragen
cuello vuelto, el [ˈkweʝo ˈβwelto] der Rollkragen
cuenta, la [ˈkwen̪ta] das Konto, die Rechnung
cuerda de la ropa, la [ˈkwerða ðe la ˈrropa] die Wäscheleine
cumplido, el [kumˈpliðo] das Kompliment
cuñada, la [kuˈɲaða] die Schwägerin
cuñado, el [kuˈɲaðo] der Schwager
curva, la [ˈkurβa] die Kurve

D

dar el pecho [dar el ˈpeʧo] stillen
dar las gracias [dar las ˈgraθjas] sich bedanken
dar martillazos [dar martiˈʝaθos] hämmern
darlo todo para… [ˈdarlo ˈtoðo ˈpara] sich einsetzen für …
dátil, el [ˈdatil] die Dattel
de [de] von
de bisutería [de βisuteˈria] unecht
de colores [de koˈlores] bunt
de cuadros [de ˈkwaðros] kariert
de dónde [de ˈðon̪de] woher
de la región [de la rreˈxjon] regional
de lunares [de luˈnares] gepunktet
de quién [de kjen] wessen
de temporada [de tempoˈraða] saisonal
de vez en cuando [de βeθ eŋ ˈkwan̪do] ab und zu
debajo [deˈβaxo] unten
debajo de [deˈβaxo ðe] unter
decepcionado (-a) [deθeβθjoˈnaðo, -a] enttäuscht
décimo (-a), el (la) [ˈdeθimo, -a] zehnte (r, s)
décimo segundo (-a), el (la) [ˈdeθimo seˈɣun̪do, -a] zwölfte (r, s)
decir [deˈθir] sagen
dedo, el [ˈdeðo] der Finger
dedo del pie, el [ˈdeðo ðel pje] der Zeh
defecación, la [defekaˈθjon] der Stuhlgang
deficiente auditivo (-a) [defiˈθjen̪te au̯ðiˈtiβo, -a] hörgeschädigt
deficiente visual [defiˈθjen̪te βisuˈal] sehbehindert
dejar al descubierto [deˈxar al̪ deskuˈβjerto] überziehen (Konto)
delantal, el [delan̪ˈtal] die Schürze
delante de [deˈlan̪te ðe] vor (*örtl.*)
deletrear [deletreˈar] buchstabieren
delgado (-a) [delˈɣaðo, -a] schlank
delincuente, el/la *m, f* [deliŋˈkwen̪te] der (die) Verbrecher(in)
delito, el [deˈlito] das Verbrechen
demasiado salado (-a) [demaˈsjaðo saˈlaðo, -a] versalzen
dentadura postiza, la [den̪taˈðura posˈtiθa] der Zahnersatz
dentista, el/la *m, f* [den̪ˈtista] der (die) Zahnarzt (-ärztin)
dependiente (-a), el (la) [depen̪ˈdjen̪te, -a] der (die) Verkäufer(in)
deporte, el [deˈporte] der Sport
derivación, la [deriβaˈθjon] die Überweisung
dermatólogo (-a), el (la) [dermaˈtoloɣo, -a] der (die) Hautarzt (-ärztin)
derrame cerebral, el [deˈrrame θereˈβral] der Schlaganfall
desaparecido (-a), el (la) [desapareˈθiðo, -a] der/die Vermisste
descafeinado (-a) [deskafei̯ˈnaðo, -a] koffeinfrei
descambiar (*wechseln*) [deskamˈbjar] umtauschen
descubrirse [deskuˈβrirse] sich freimachen
desde [ˈdesðe] seit
desde (que) [ˈdesðe (ke)] seitdem
desfibrilador, el [desfiβrilaˈðor] der Defibrillator

desierto, el [de'sjerto] die Wüste
desinfectar [desiɱfek'tar] desinfizieren
desnatado (-a) [desna'taðo, -a] fettarm
desodorante, el [desoðo'rante] das Deo(dorant)
despacio [des'paθjo] langsam
despegar [despe'ɣar] starten
después de [des'pwes ðe] nach (*zeitl.*)
después de (que) [des'pwes ðe (ke)] nachdem
destacar [desta'kar] betonen
destornillador, el [destorniʝa'ðor] der Schraubenzieher
detector de humo, el [detek'tor ðe 'wmo] der Rauchmelder
detergente, el [deter'xente] das Spülmittel
detergente, el [deter'xente] das Waschmittel
detrás de [de'tras ðe] hinter/nach (*örtl.*)
deuda, la ['deuða] die Schulden *Pl*
día, el ['dia] der Tag
día entre semana, el ['dia 'entre se'mana] der Wochentag
diabetes, la *Inv* [dja'βetes] der Diabetes
diagnóstico, el [djaɣ'nostiko] die Diagnose
diarrea, la [dja'rrea] der Durchfall
dibujar [diβu'xar] malen
diccionario, el [diᵞθjo'narjo] das Wörterbuch
diciembre [di'θjembre] der Dezember
diecinueve [djeθi'nweβe] neunzehn
dieciocho [dje'θjoʧo] achtzehn
dieciséis [djeθi'seis] sechszehn
diecisiete [djeθi'sjete] siebzehn
diente, el ['djente] der Zahn
diez [djeθ] zehn
diez mil [djeθ mil] zehntausend
dinero, el [di'nero] das Geld
dinero del casco, el [di'nero ðel 'kasko] das (Flaschen-)Pfand
dinero en efectivo, el [di'nero en efek'tiβo] das Bargeld
dirección de email, la [direᵞ'θjon ðe i'meil] die E-Mail-Adresse
dirección postal, la [direᵞ'θjon pos'tal] die Adresse
discapacitado (-a) [diskapaθi'taðo, -a] behindert
disco desmaquillante, el ['disko desmaki'ʝante] das Wattepad
disculpa, la [dis'kulpa] die Entschuldigung
discutir [disku'tir] diskutieren
disfraz, el [dis'fraθ] das Kostüm
doble ['doβle] zweifach
doce ['doθe] zwölf
doctor (a), el (la) [dok'tor(a)] der (die) Arzt (Ärztin)
dólar, el ['dolar] der Dollar
doler [do'ler] wehtun
dolor, el [do'lor] die Schmerzen *Pl*
dolor de barriga, el [do'lor ðe ba'rriɣa] die Bauchschmerzen *Pl*
dolor de cabeza, el [do'lor ðe ka'βeθa] die Kopfschmerzen *Pl*
dolor de garganta, el [do'lor ðe gar'ɣanta] die Halsschmerzen *Pl*
dolor de muelas, el [do'lor ðe 'mwelas] die Zahnschmerzen *Pl*
dolor de oídos, el [do'lor ðe o'iðos] die Ohrenschmerzen *Pl*
domingo, el [do'miŋgo] der Sonntag
don... [don] Herr ...
doña... ['doɲa] Frau ...
donar sangre [do'nar 'saŋgre] Blut spenden
dónde ['donde] wo
dorada, la [do'raða] die Dorade
dorado (-a) [do'raðo, -a] goldfarben
dormitorio, el [dormi'torjo] das Schlafzimmer
dos [dos] zwei
dos mil [dos mil] zweitausend
dos veces [dos 'βeθes] zweimal
doscientos [dos'θjentos] zweihundert
dosis, la *Inv* ['dosis] die Dosierung
droguería, la [droɣe'ria] die Drogerie
ducha, la ['duʧa] die Dusche
ducharse [du'ʧarse] sich duschen
dudar [du'ðar] bezweifeln
dulce ['dulθe] süß
dulce, el ['dulθe] die Süßspeise
dulces, los *Pl* ['dulθes] die Süßigkeiten *Pl*
duro (-a) ['duro, -a] hart
duty free, el ['duti fri] der Duty-free-Laden
DVD, el [deuβe'ðe] die DVD

E

e [e] und
echar gasolina [e'ʧar gaso'lina] tanken
echarse crema [e'ʧarse 'krema] sich eincremen
ecografía, la [ekoɣra'fia] die Ultraschalluntersuchung
ecológico (-a) [eko'loxiko, -a] bio
edad, la [e'ðaᵈ] das Alter
edificio alto, el [eði'fiθjo 'alto] das Hochhaus

editar [eðiˈtar] bearbeiten
edredón, el [eðreˈðon] die Bettdecke
edulcorante, el [eðulkoˈrante] der Süßstoff
efectos secundarios, los *Pl* [eˈfektos sekunˈdarjos] die Nebenwirkung
él [el] er
elegir [eleˈxir] aussuchen
ella [ˈeʝa] sie
embarazada [embaraˈθaða] schwanger
embarcar [embarˈkar] einchecken
embutido, el [embuˈtiðo] die Wurst (*Aufschnitt*)
emocionado (-a) [emoθjoˈnaðo, -a] aufgeregt
empanado (-a) [empaˈnaðo, -a] paniert
empaste, el [emˈpaste] die Füllung
empleado (-a) [empleˈaðo, -a] angestellt
empresa, la [emˈpresa] das Unternehmen
empujar [empuˈxar] pressen
en [en] zu
en efectivo [en efekˈtiβo] bar
en la(s) sobremesa(s)/a la hora de la siesta [en la(s) soβreˈmesa(s)/a la ˈora ðe la ˈsjesta] nachmittags
en lonchas [en ˈlonʧas] geschnitten
en vez de (que) [em ˈbeθ ðe (ke)] statt
enchufe, el [enˈʧufe] die Steckdose
encima [enˈθima] oben
encima de [enˈθima ðe] auf
encontrarse [eŋkonˈtrarse] sich treffen
endivia, la [enˈdiβja] der Chicorée
enero [eˈnero] der Januar
enfermera, la [eɱferˈmera] die Krankenschwester
enfermero, el [eɱferˈmero] der Pfleger
enfermo (-a) [eɱˈfermo, -a] krank
enfrente de [eɱˈfrente ðe] gegenüber
enmohecido (-a) [eᵐmoeˈθiðo, -a] verschimmelt
ensalada de acompañamiento, la [ensaˈlaða ðe akompaɲaˈmjento] der Beilagensalat
ensaladilla rusa, la [ensalaˈðiʝa ˈrrusa] der Kartoffelsalat
entender [entenˈder] verstehen
entero (-a) [enˈtero, -a] am Stück
entierro, el [enˈtjerro] die Beerdigung
entrada, la [enˈtraða] die Einreise
entrar a robar [enˈtrar a rroˈβar] einbrechen
entre [ˈentre] geteilt, zwischen
entusiasmado (-a) [entusjasˈmaðo, -a] begeistert
envasado (-a) [embaˈsaðo, -a] eingeschweißt
equipaje, el [ekiˈpaxe] das Gepäck
equipo de rescate de montaña, el [eˈkipo ðe rresˈkate ðe monˈtaɲa] die Bergwacht
escalera, la [eskaˈlera] die Leiter, die Treppe
escalera mecánica, la [eskaˈlera meˈkanika] die Rolltreppe
escaleras (del portal), las *Pl* [eskaˈleras (ðel porˈtal)] das Treppenhaus
escalofríos, los *Pl* [eskaloˈfrios] der Schüttelfrost
escalope, el [eskaˈlope] das Schnitzel
escanear [eskaneˈar] scannen
escaparate, el [eskapaˈrate] das Schaufenster
escayola, la [eskaˈʝola] der Gips
escoba, la [esˈkoβa] der Besen
escobilla, la [eskoˈβiʝa] die Klobürste
escribir [eskriˈβir] schreiben
escritorio, el [eskriˈtorjo] der Schreibtisch
esguince, el [esˈɣinθe] die Verstauchung
esmalte (de uñas), el [esˈmalte (ðe ˈuɲas)] der Nagellack
esófago, el [eˈsofaɣo] die Speiseröhre
espaguetis, los *Pl* [espaˈɣetis] die Spaghetti *Pl*
espalda, la [esˈpalda] der Rücken
espárrago, el [esˈparraɣo] der Spargel
especias, las *Pl* [esˈpeθjas] die Gewürze
espejo, el [esˈpexo] der Spiegel
espinacas, las *Pl* [espiˈnakas] der Spinat
espinilla, la [espiˈniʝa] das Schienbein
espirales, las *Pl* [espiˈrales] die Fusilli *Pl*
espray, el [esˈprai̯] der/das Spray
espuma (de leche), la [esˈpuma (ðe ˈleʧe)] der Milchschaum
espuma de afeitar, la [esˈpuma ðe afei̯ˈtar] der Rasierschaum
esqueleto, el [eskeˈleto] das Skelett
esquiar [eskiˈar] Ski fahren
estación de tren, la [estaˈθjon ðe tren] der Bahnhof
estacionamiento prohibido, el [estaθjonaˈmjento proi̯ˈβiðo] das Halteverbot
estampado (-a) [estamˈpaðo, -a] gemustert
estantería, la [estanteˈria] das Regal

estar de acuerdo [esˈtar ðe aˈkwerðo] zustimmen
estar rico (-a) [esˈtar ˈrriko, -a] schmecken
estatura, la [estaˈtura] die Größe
este, el [ˈeste] der Osten
estepa, la [esˈtepa] die Steppe
estetoscopio, el [estetosˈkopjo] das Stethoskop
estofado de carne, el [estoˈfaðo ðe ˈkarne] der/das Gulasch
estómago, el [esˈtomaɣo] der Magen
estornudar [estornuˈðar] niesen
estrecho (-a) [esˈtreʧo, -a] eng
estrella, la [esˈtreʝa] der Stern
estropajo, el [estroˈpaxo] der Schwamm
estudiante universitario (a), el (la) [estuˈðjante uniβersiˈtarjo, -a] der (die) Student(in)
euro, el [ˈeuro] der Euro
excelente [esθeˈlente] ausgezeichnet
explosión, la [esploˈsjon] die Explosion
exquisito (-a) [eskiˈsito, -a] lecker
extracto bancario, el [esˈtrakto βaŋˈkarjo] der Kontoauszug
extranjero (-a), el (la) [estraŋˈxero, -a] der (die) Ausländer(in)

F

fábrica, la [ˈfaβrika] die Fabrik
falafel, el [faˈlafel] die Falafel
falda, la [ˈfalda] der Rock
fallecido (-a), el (la) [faʝeˈθiðo, -a] der/die Tote
familia ensamblada, la [faˈmilja ensamˈblaða] die Patchworkfamilie
farmacéutico (-a), el (la) [farmaˈθeutiko, -a] der (die) Apotheker(in)
farmacia, la [farˈmaθja] die Apotheke
favor, el [faˈβor] die Bitte
febrero [feˈβrero] der Februar
fecha, la [ˈfeʧa] das Datum
fecha de nacimiento, la [ˈfeʧa ðe naθiˈmjento] das Geburtsdatum
femenino [femeˈnino] weiblich
feo (-a) [ˈfeo, -a] hässlich
festivo, el [fesˈtiβo] der Feiertag
fibra natural, la [ˈfiβra natuˈral] die Naturfaser
fibra sintética, la [ˈfiβra sinˈtetika] die Kunstfaser
fiebre, la [ˈfjeβre] das Fieber
fiesta, la [ˈfjesta] das Fest, die Party
filete, el [fiˈlete] das Steak
filete de pescado, el [fiˈlete ðe pesˈkaðo] das Fischfilet
film transparente, el [film tra(n) spaˈrente] die Frischhaltefolie
fin de semana, el [fin ðe seˈmana] das Wochenende
firma, la [firˈma] die Unterschrift
firmar [firˈmar] unterschreiben
flor, la [flor] die Blume
flor, la [flor] die Blüte
floristería, la [floristeˈria] der Blumenladen
formación, la [formaˈθjon] die Lehre
fotógrafo, el [foˈtoɣrafo] der Fotoladen
franco suizo, el [ˈfraŋko ˈswiθo] der Schweizer Franken
fregar [freˈɣar] abwaschen, wischen
freír [freˈir] braten
frente, la [ˈfrente] die Stirn
fresa, la [ˈfresa] die Erdbeere
fresco (-a) [ˈfresko, -a] frisch
frigorífico, el [friɣoˈrifiko] der Kühlschrank
frío (-a) [ˈfrio, -a] kalt
frito (-a) [ˈfrito, -a] gebraten
fritura de pescado, la [friˈtura ðe pesˈkaðo] die Fischpfanne
frutería, la [fruteˈria] der Obst- und Gemüsehändler
fuagrás, el [fwaˈɣras] die Leberwurst
fuego, el [ˈfweɣo] das Feuer
fuente, la [ˈfwente] die Schüssel
fuerte [ˈfwerte] laut
fugarse [fuˈɣarse] fliehen
fumar [fuˈmar] rauchen
furioso (-a) [fuˈrjoso, -a] wütend
fusible, el [fuˈsiβle] die Sicherung
fútbol, el [ˈfuðβol] der Fußball

G

gafas, las *Pl* [ˈgafas] die Brille
gafas de esquí, las *Pl* [ˈgafas ðe esˈki] die Skibrille
gafas de sol, las *Pl* [ˈgafas ðe sol] die Sonnenbrille
galleta, la [gaˈʝeta] der Keks
gamba, la [ˈgamba] die Garnele
ganso, el [ˈganso] die Gans
garaje, el [gaˈraxe, koˈʧera] die Garage
garbanzo, el [garˈβanθo] die Kichererbse
garrapata, la [garraˈpata] die Zecke
gaseosa, la [gaseˈosa] die Limonade
gasoil, el [gaˈsoil] der Diesel
gasolina, la [gasoˈlina] das Benzin

gasolinera, la [gasoli'nera] die Tankstelle
gel (de ducha), el [xel (de 'dutʃa)] das Duschgel
gemelos (-as), los *Pl* [xe'melos] die Zwillinge *Pl*
genitales, los *Pl* [xeni'tales] das Geschlechtsorgan
gimnasio, el [xim'nasjo] das Fitnesscenter
ginebra, la [xi'neβra] der Gin
ginecólogo (-a), el (la) [xine'koloɣo, -a] der (die) Frauenarzt (-ärztin)
gingivitis, la *Inv* [xiŋxi'βitis] die Zahnfleischentzündung
glaciar, el [gla'θjar] der Gletscher
glóbulos homeopáticos, los *Pl* ['gloβulos omeo'patikos] die Globuli *Pl*
goma (de borrar), la ['goma (ðe βo'rrar)] der/das Radiergummi
goma (del pelo), la ['goma (ðel 'pelo)] der/das Haargummi
gomina, la [go'mina] das Haargel
gordo (-a) ['gorðo, -a] dick
gorro, el ['gorro] die Mütze/**costar** [kos'tar]
gotas, las *Pl* ['gotas] die Tropfen *Pl*
gracias, las *Pl* ['graθjas] der Dank
grado, el ['graðo] der Grad
gramo, el ['gramo] das Gramm
grande (*Mensch*) ['gran̪de] groß
gratinado (-a) [grati'naðo, -a] überbacken
grifo, el ['grifo] der Wasserhahn
gris [gris] grau
gritar [gri'tar] schreien
grosella, la [gro'seʝa] die Johannisbeere
grosella espinosa, la [gro'seʝa espi'nosa] die Stachelbeere
guante, el ['gwan̪te] der Handschuh
guapo (-a) ['gwapo, -a] hübsch
guardar [gwar'ðar] speichern
guardia costera, la ['gwarðja kos'tera] die Küstenwache
guglear [guɣle'ar] googeln
guía (de viaje), la ['gia (ðe 'bjaxe)] der Reiseführer
guisante, el [gi'san̪te] die Erbse
guisar [gi'sar] zubereiten
gustarle [gus'tarle] mögen

H

habitación, la [aβita'θjon] das Zimmer
habitación doble, la [aβita'θjon 'doβle] das Doppelzimmer
habitación individual, la [aβita'θjon indiβi'ðwal] das Einzelzimmer
hablar [a'βlar] miteinander reden, sprechen
hablar por Skype [a'βlar por es'kajp] skypen
hablar por teléfono [a'βlar por te'lefono] telefonieren
hacer cola [a'θer 'kola] anstehen
hacer footing [a'θer 'futiŋ] joggen
hacer fotos [a'θer 'fotos] fotografieren
hacer ruido (al comer) [a'θer 'rrwiðo (al ko'mer)] schmatzen
hacer señas [a'θer 'seɲas] winken
hacer senderismo [a'θer sen̪de'rismo] wandern
hacer streaming [a'θer es'trimiŋ] streamen
hacer transbordo [a'θer tra(n)s'βorðo] umsteigen
hacer una radiografía de [a'θer 'una rraðjoɣra'fia ðe] röntgen
hacia adelante ['aθja aðe'lan̪te] geradeaus
hambre, el ['ambre] der Hunger
hamburguesa, la [ambur'ɣesa] der Hamburger
hamburguesa vegetal, la [ambur'ɣesa βexe'tal] der Veggieburger
harina, la [a'rina] das Mehl
hectárea, la [ek'tarea] der/das Hektar
helado, el [e'laðo] das Eis (*Speise*)
helar [e'lar] gefrieren
hematoma, el [ema'toma] der Bluterguss
hemorragia nasal, la [emo'rraxia na'sal] das Nasenbluten
herida, la [e'riða] die Wunde
herido (-a), el (la) [e'riðo, -a] der/die Verletzte
hermana, la [er'mana] die Schwester
hermano, el [er'mano] der Bruder
hermanos (-as), los, las *Pl* [er'manos, -as] die Geschwister *Pl*
herramienta, la [erra'mjen̪ta] das Werkzeug
hervidor de agua, el [erβi'ðor ðe 'aɣwa] der Wasserkocher
hielo, el ['ʝelo] das Eis (*eingefr. Wasser*)
hígado, el ['iɣaðo] die Leber
higo, el ['iɣo] die Feige
hija, la ['ixa] die Tochter
hijastra, la [i'xastra] die Stieftochter
hijastro, el [i'xastro] der Stiefsohn
hijo, el ['ixo] der Sohn

hilo, el [ˈilo] der Faden
hilo dental, el [ˈilo ðen̪ˈtal] die Zahnseide
hinchado (-a) [inˈʧaðo, -a] geschwollen
hinojo, el [iˈnoxo] der Fenchel
hogaza, la [oˈɣaθa] der Laib
hoja de afeitar, la [ˈoxa ðe afei̯ˈtar] die Rasierklinge
hombre, el [ˈombre] der Mann
hombro, el [ˈombro] die Schulter
hora, la [ˈora] die Stunde
hora en el médico, la [ˈora en el ˈmeðiko] die Sprechstunde
horario, el [oˈrarjo] die Öffnungszeiten *Pl*
horario de visitas, el [oˈrarjo ðe βiˈsitas] die Besuchszeiten *Pl*
horarios, los *Pl* [oˈrarjos] der Fahrplan
hornillo, el [orˈniʝo] der Herd
horno, el [ˈorno] der Backofen
hospitalario (-a) [ospitaˈlarjo, -a] stationär
hotel, el [oˈtel] das Hotel
hueso, el [ˈweso] der Knochen
huevo, el [ˈweβo] das Ei
huevo duro, el [ˈweβo ˈðuro] das hart gekochte Ei
huevo frito, el [ˈweβo ˈfrito] das Spiegelei
huevos revueltos, los *Pl* [ˈweβos rreˈβwel̪tos] das Rührei
humo, el [ˈumo] der Rauch

I

idioma extranjero, el [iˈðjoma estraŋˈxero] die Fremdsprache
iglesia, la [iˈɣlesja] die Kirche
imperdible, el [imperˈðiβle] die Sicherheitsnadel
impermeable, el [impermeˈaβle] der Regenmantel
impresora, la [impreˈsora] der Drucker
incendio, el [in̪ˈθen̪djo] der Brand
inconsciente [iŋkoⁿsˈθjen̪te] bewusstlos
índice, el [ˈin̪diθe] der Zeigefinger
infarto, el [iɱˈfarto] der Herzinfarkt
infección, la [iɱfeᵞˈθjon] die Entzündung, der Infekt
infectado (-a) [iɱfekˈtaðo, -a] entzündet
información turística, la [iɱformaˈθjon tuˈristika] die Touristeninformation
infusión de frutas, la [iɱfuˈsjon de ˈfrutas] der Früchtetee
infusión de hierbas, la [iɱfuˈsjon de ˈʝerβas] der Kräutertee
ingresar dinero [iŋgreˈsar ðiˈnero] Geld einzahlen
insecto, el [inˈsekto] das Insekt
insolación, la [insolaˈθjon] der Sonnenstich
instrumento, el [iⁿstruˈmen̪to] das Instrument
intereses, los *Pl* [in̪teˈreses] die Zinsen *Pl*
intestino, el [in̪tesˈtino] der Darm
intolerancia alimentaria, la [in̪toleˈran̪θja alimen̪ˈtarja] die Nahrungsmittelintoleranz
intoxicación, la [in̪toᵞsikaˈθjon] die Vergiftung
intoxicación (por humo), la [in̪toᵞsikaˈθjon (por ˈumo)] die Rauchvergiftung
investigación, la [imbestiɣaˈθjon] die Fahndung
invierno, el [imˈbjerno] der Winter
invitar [imbiˈtar] einladen
inyección, la [inʝeᵞˈθjon] die Spritze
ir [ir] gehen
ir a bailar [ir a βai̯ˈlar] tanzen gehen
ir a comer [ir a koˈmer] essen gehen
ir de compras [ir ðe ˈkompras] shoppen gehen
isla, la [ˈisla] die Insel

J

jabón, el [xaˈβon] die Seife
jamón serrano, el [xaˈmon seˈrrano] der Serrano Schinken
jamón york, el [xaˈmon ʝork] der Schinken
jardín, el [xarˈðin] der Garten
jardinería, la [xarðineˈria] die Gartenarbeit
jerez, el [xeˈreθ] der Sherry
jersey, el [xerˈsei̯] der Pullover
joven [ˈxoβen] jung
joyas, las *Pl* [ˈxoʝas] der Schmuck
joyería, la [xoʝeˈria] der Juwelier
jubilado (-a), el (la) [xuβiˈlaðo, -a] der (die) Rentner(in)
judía blanca, la [xuˈðia ˈβlaŋka] die Bohne
judía roja, la [xuˈðia ˈrroxa] die Kidneybohne
judía verde, la [xuˈðia ˈβerðe] die grüne Bohne
juego de ordenador, el [ˈxweɣo ðe orðenaˈðor] das Computerspiel
jueves, el *Inv* [ˈxweβes] der Donnerstag

juguete, el [xu'ɣete] das Spielzeug
julio ['xuljo] der Juli
junio ['xunjo] der Juni

K

kebab, el [ke'βaᵝ] der Döner
kétchup, el ['keᵒtʃup] der/das Ketchup
kilo, el ['kilo] das Kilo(gramm)
kilómetro, el [ki'lometro] der Kilometer
kiosco, el ['kjosko] der Kiosk
kiwi, el ['kiwj] die Kiwi

L

labio, el ['laβjo] die Lippe
laca, la ['laka] der/das Haarspray
lacitos, los *Pl* ['laθitos] die Farfalle *Pl*
ladrón (-ona), el [la'ðron, -ona] der (die) Dieb(in)
lago, el ['laɣo] der See
lámpara, la ['lampara] die Lampe
lana, la ['lana] die Wolle
langosta, la [laŋ'gosta] der Hummer
lápiz, el ['lapiθ] der Bleistift
lápiz de color, el ['lapiθ de ko'lor] der Buntstift
lasaña, la [la'saɲa] die Lasagne
lavabo, el [la'βaβo] das Waschbecken
lavadora, la [laβa'ðora] die Waschmaschine
lavar [la'βar] waschen
lavarse [la'βarse] sich waschen
lavarse el pelo [la'βarse el 'pelo] sich die Haare waschen
lavarse los dientes [la'βarse los 'djentes] sich die Zähne putzen
lavavajillas, el *Inv* [laβaβa'xiʝas] die Spülmaschine
leche, la ['letʃe] die Milch
leche manchada, la ['letʃe man'tʃaða] der/die Latte macchiato
lechuga, la [le'tʃuɣa] der Salat
leer [le'er] lesen
legumbres, las *Pl* [le'ɣumbres] die Hülsenfrüchte *Pl*
lejos ['lexos] weit entfernt
lengua, la ['leŋgwa] die Zunge
lengua de signos, la ['leŋgwa ðe 'signos] die Gebärdensprache
lenguado, el [leŋ'gwaðo] die Seezunge
lenteja, la [len'texa] die Linse
leotardos, los *Pl* [leo'tarðos] die Strumpfhose
lesionado (-a) [lesjo'naðo, -a] verletzt
levadura, la [leβa'ðura] die Hefe /**la tuerca** ['twerka] (Schraube)
librería, la [liβre'ria] der Buchladen
libro, el ['liβro] das Buch
libro de recetas, el ['liβro ðe rre'θetas] das Kochbuch
licor, el [li'kor] der Likör
ligar [li'ɣar] flirten
lila ['lila] lila
lima, la ['lima] die Limette
lima para las uñas, la ['lima 'para las 'uɲas] die Nagelfeile
limón, el [li'mon] die Zitrone
limpiar [lim'pjar] putzen
lino, el ['lino] das Leinen
líquido amniótico, el ['likiðo am'njotiko] das Fruchtwasser
liso (-a) ['liso, -a] einfarbig
lista de la compra, la ['lista ðe la 'kompra] die Einkaufsliste
litro, el ['litro] der/das Liter
llamada de socorro, la [ʝa'maða ðe so'korro] der Notruf
llamar [ʝa'mar] aufrufen
llamas, las *Pl* ['ʝamas] die Flamme
llave, la ['ʝaβe] der Schlüssel
llegada, la [ʝe'ɣaða] die Ankunft
llegar [ʝe'ɣar] ankommen
lleno (-a) ['ʝeno, -a] satt
llevar [ʝe'βar] tragen
llevar la contraria [ʝe'βar la kon'trarja] widersprechen
llorar [ʝo'rar] weinen
llover [ʝo'βer] regnen
lluvia, la ['ʝuβja] der Regen
lo mejor [lo me'xor] am besten
loción corporal, la [lo'θjoŋ korpo'ral] die Bodylotion
los (-as) dos *Pl* [los, -as ðos] beide
lucioperca, la [luθjo'perka] der Zander
luna, la ['luna] der Mond
lunes, el *Inv* ['lunes] der Montag
luz del sol, la [luθ del sol] der Sonnenschein

M

macarrones, los *Pl* [maka'rrones] die Penne *Pl*
macedonia, la [maθe'ðonja] der Obstsalat
madalena, la [maða'lena] der Muffin
madrastra, la [ma'ðrastra] die Stiefmutter
madre, la (*Person*) ['maðre] die Mutter
madurado (-a) al sol [maðu'raðo, -a al sol] sonnengereift
maduro (-a) [ma'ðuro, -a] reif

maíz, el [ma'iθ] der Mais
maleta, la [ma'leta] der Koffer
maletita con ruedas, la [male'tita kon 'rrweðas] der Trolley
mallas, las *Pl* ['maʝas] die Leggings *Pl*
malo (-a) ['malo, -a] schlecht
mañana [ma'ɲana] morgen
mañana, la [ma'ɲana] der Vormittag
mañana temprano, la [ma'ɲana tem'prano] der Morgen
manchar [man'ʧar] kleckern
mandarina, la [manda'rina] die Mandarine
mandíbula, la [man'diβula] der Kiefer
manga, la ['maŋga] der Ärmel
mango, el ['maŋgo] die Mango
manguera, la [maŋ'gera] der Gartenschlauch
mano, la ['mano] die Hand
manopla (para baño), la [ma'nopla ('para 'baɲo)] der Waschlappen
mantel, el [man'tel] die Tischdecke
mantequilla, la [mante'kiʝa] die Butter
mantequilla de cacahuete, la [mante'kiʝa ðe kaka'wete] die Erdnussbutter
manzana, la [man'θana] der Apfel
mapa, el ['mapa] die Landkarte
maquillaje, el [maki'ʝaxe] das Make-up
maquillarse [maki'ʝarse] sich schminken
máquina (expendedora de billetes), la ['makina (espende'ðora ðe bi'ʝetes)] der Fahrkartenautomat
maquinilla de afeitar, la [maki'niʝa ðe afei'tar] der Rasierapparat
mar, el [mar] das Meer
marcapasos, el *Inv* [marka'pasos] der Herzschrittmacher
mareado (-a) [mare'aðo, -a] schwindelig
mareo, el [ma'reo] der Schwindel
margarina, la [marɣa'rina] die Margarine
marido, el [ma'riðo] der (Ehe-)Mann
marrón [ma'rron] braun
martes, el *Inv* ['martes] der Dienstag
martillo, el [mar'tiʝo] der Hammer
marzo ['marθo] der März
más [mas] plus
más tarde [mas 'tarðe] später
más temprano [mas tem'prano] früher
masaje cardiaco, el [ma'saxe kar'ðjako] die Herzdruckmassage
masculino [masku'lino] männlich
masticar [masti'kar] kauen
matrimonio, el [matri'monjo] die Ehe
matrona, la [ma'trona] die Hebamme
mayo ['maʝo] der Mai
mayonesa, la [maʝo'nesa] die Mayonnaise
mechero, el [me'ʧero] das Feuerzeug
media hora, la ['meðja 'ora] die halbe Stunde
media pensión, la ['meðja pen'sjon] die Halbpension
medianoche, la [meðja'noʧe] die Mitternacht
medias, las *Pl* ['meðjas] die Strümpfe *Pl*
medicamento, el [meðika'mento] das Medikament
médico (-a) de familia, el (la) ['meðiko, -a ðe fa'milja] der (die) Hausarzt (-ärztin)
médico (-a) de urgencias, el (la) ['meðiko, -a ðe ur'xenθjas] der (die) Notarzt (-ärztin)
medio (-a) ['meðjo, -a] ein halber/s/e
medio kilo, el ['meðjo 'kilo] das Pfund
medio litro, el ['meðjo 'litro] das Pint
mediodía, el [meðjo'dia] der Mittag
mediodía/s, al/los [al meðjo'dia/los meðjo'dias] mittags
mejilla, la [me'xiʝa] die Wange
mejillón, el [mexi'ʝon] die Miesmuschel
mejor [me'xor] besser
mejor amigo (-a), el (la) [me'xor a'miɣo, -a] der (die) beste Freund(in)
melocotón, el [meloko'ton] der Pfirsich
melón, el [me'lon] die Melone
memoria USB, la [me'morja wese'βe] der USB-Stick
meñique, el [me'ɲike] der kleine Finger
menos ['menos] minus
mensajear [mensaxe'ar] simsen
menstruación, la [me^n^strwa'θjon] die Menstruation
mercado, el [mer'kaðo] der Markt
merluza, la [mer'luθa] der Hechtdorsch
mermelada, la [merme'laða] die Marmelade
mesa, la ['mesa] der Tisch
mesita de noche, la [me'sita ðe'noʧe] der Nachttisch
método anticonceptivo, el ['metoðo antikonθep'tiβo] die Empfängnisverhütung
metro, el ['metro] der/das Meter
metro, el ['metro] die U-Bahn
metro cuadrado, el ['metro kwa'ðraðo] der/das Quadratmeter
metro cúbico, el ['metro 'kuβiko] der/das Kubikmeter

M

mezclar bien [meθ'klar βjen] vermengen
mi [mi] mein (e)
microondas, el [mikro'on̪das] die Mikrowelle
miel, la [mjel] der Honig
mientras ['mjen̪tras] während
miércoles, el *Inv* ['mjerkoles] der Mittwoch
migraña, la [mi'ɣraɲa] die Migräne
mil [mil] (ein)tausend
mililitro, el [mili'litro] der/das Milliliter
milímetro, el [mi'limetro] der/das Millimeter
milla, la ['miʝa] die Meile
minuto, el [mi'nuto] die Minute
mochila, la [mo'ʧila] der Rucksack
moneda, la [mo'neða] die Münze
montaña, la [mon̪'taɲa] der Berg, das Gebirge
montar a caballo [mon̪'tar a ka'βaʝo] reiten
montar en bici [mon̪'tar em 'biθi] Rad fahren
monumento, el [monu'men̪to] das Denkmal, die Sehenswürdigkeit
mora, la ['mora] die Maulbeere
morcilla, la [mor'θiʝa] die Blutwurst
mordisco, el [mor'ðisko] der Biss
moreno (-a) [mo'reno, -a] dunkelhaarig
moreno (-a) [mo'reno, -a] sonnengebräunt
morir [mo'rir] sterben
mostaza, la [mos'taθa] der Senf
mosto, el ['mosto] der Most
moto, la ['moto] das Motorrad
móvil, el ['moβil] das Handy
MP3, el [(rreproðuk'tor ðe) emepe'tres] der MP3-Player
muchacho (-a), el (la) [mu'ʧaʧo, -a] der/die Jugendliche
muchos (-as) *Pl* ['muʧos, -as] viele
mudo (-a) ['muðo, -a] stumm
muela, la ['mwela] der Backenzahn
muerte, la ['mwerte] der Tod
muerto (-a) ['mwerto, -a] tot
muesli, el ['mwesli] das Müsli
mujer, la [mu'xer] die (Ehe-)Frau
muleta, la [mu'leta] die Krücke
multa, la ['mul̪ta] der Strafzettel
múltiple ['mul̪tiple] mehrfach
muñeca, la [mu'ɲeka] das Handgelenk
mus, el [mus] das Mousse
músculo, el ['muskulo] der Muskel
museo, el [mu'seo] das Museum
música, la ['musika] die Musik
musical, el [musi'kal] das Musical
muslo, el ['muslo] der Oberschenkel
mustio (-a) ['mustjo, -a] welk
muy poco hecho [mwi 'poko 'eʧo] blutig

N

nacionalidad, la [naθjonali'ðaᵈ] die Nationalität
nadar [na'ðar] schwimmen
nadie ['naðje] niemand
nailon, el ['nai̯lon] das Nylon®
naranja, la [na'raŋxa] die Orange
naranja [na'raŋxa] orange
nariz, la [na'riθ] die Nase
nata, la ['nata] die Sahne
nata montada, la ['nata mon̪'taða] die Schlagsahne
naufragar [nau̯fra'ɣar] kentern
náuseas, las *Pl* ['nau̯seas] die Übelkeit
navegar [naβe'ɣar] surfen
nectarina, la [nekta'rina] die Nektarine
negro (-a) ['neɣro, -a] schwarz
nervioso (-a) [ner'βjoso, -a] nervös
nevar [ne'βar] schneien
niebla, la ['njeβla] der Nebel
nieto (-a), el (la) ['njeto, -a] der (die) Enkel(in)
nieve, la ['njeβe] der Schnee
ningún (-una) [niŋ'gun(a)] keine (r, s)
niño (-a), el (la) ['niɲo, -a] das Kind
níscalo, el ['niskalo] der Edelreizker
níspero, el ['nispero] die Mispel
noche, la ['noʧe] die Nacht
nombre, el ['nombre] der Vorname
nombre completo, el ['nombre kom'pleto] der vollständige Name
ñoquis, los *Pl* ['ɲokis] die Gnocchi *Pl*
norte, el ['norte] der Norden
nosotros (-as) *Pl* [no'sotros, -as] wir
noveno (-a), el (la) [no'βeno, -a] neunte (r, s)
noventa [no'βen̪ta] neunzig
noviembre [no'βjembre] der November
novio (-a), el (la) ['noβjo, -a] der (die) Freund(in)
nube, la ['nuβe] die Wolke
nuca, la ['nuka] der Nacken
nuera, la ['nwera] die Schwiegertochter
nuestro (-a) ['nwestro, -a] unser (e)
nueve ['nweβe] neun
nuez, la [nweθ] die Nuss
número, el ['numero] die Schuhgröße
número de cuenta, el ['numero ðe 'kwen̪ta] die Kontonummer

número de móvil, el [ˈnumero ðe ˈmoβil] die Handynummer
número de teléfono, el [ˈnumero ðe teˈlefono] die Telefonnummer
número secreto, el [ˈnumero seˈkreto] die Geheimzahl
nunca [ˈnuŋka] niemals

O

o [o] oder
o… o [o… o] entweder … oder
objetivo, el [oβxeˈtiβo] das Objektiv
obra, la [ˈoβra] die Baustelle
ochenta [oˈʧen̪ta] achtzig
ocho [ˈoʧo] acht
octavo (-a), el (la) [okˈtaβo, -a] achte (r, s)
octubre [okˈtuβre] der Oktober
oeste, el [oˈeste] der Westen
oferta, la [oˈferta] das Sonderangebot
oficina, la [ofiˈθina] das Büro
oficina de cambio, la [ofiˈθina ðe ˈkambjo] die Wechselstube
ojo, el [ˈoxo] das Auge
olla, la [ˈoʝa] der Topf
once [ˈon̪θe] elf
ópera, la [ˈopera] die Oper
operación, la [operaˈθjon] die Operation
operar [opeˈrar] operieren
opinar [opiˈnar] meinen
ordenador, el [orðenaˈðor] der Computer
oreja, la [oˈrexa] das Ohr
órgano, el [ˈorɣano] das Organ
oscuro (-a) [osˈkuro, -a] dunkel
osito de gominola, el [oˈsito ðe ɣomiˈnola] das Gummibärchen
ostra, la [ˈostra] die Auster
otoño, el [oˈtoɲo] der Herbst
otorrinolaringólogo (-a), el (la) [otorrinolariŋˈgoloɣo, -a] der (die) Hals-Nasen-Ohrenarzt (-ärztin)
ovalado (-a) [oβaˈlaðo, -a] oval

P

paciente , el/la *m, f* [paˈθjen̪te] der (die) Patient(in)
padrastro, el [paˈðrastro] der Stiefvater
padre, el [ˈpaðre] der Vater
padres, los *Pl* [ˈpaðres] die Eltern *Pl*
paella, la [paˈeʝa] die Paella
pagar [paˈɣar] bezahlen
pagar en efectivo [paˈɣar en efekˈtiβo] bar bezahlen
país, el [paˈis] das Land
paisaje, el [pai̯ˈsaxe] die Landschaft
pájaro, ave, el [ˈpaxaro, ˈaβe] der Vogel
palillo, el [paˈliʝo] die Stäbchen *Pl*
palitos de pescado, los *Pl* [paˈlitos ðe pesˈkaðo] das Fischstäbchen
palitos salados, los *Pl* [paˈlitos saˈlaðos] die Salzstangen *Pl*
palomitas, las *Pl* [paloˈmitas] das Popcorn
pan blanco, el [pam ˈblaŋko] das helle Brot
pan negro, el [pan ˈneɣro] das dunkle Brot
panadería, la [panaðeˈria] die Bäckerei
pañal, el [paˈɲal] die Windel
páncreas, el [ˈpaŋkreas] die Bauchspeicheldrüse
panecillo, el (*klein*) [paneˈθiʝo] das Brötchen
paño (de cocina), el [ˈpaɲo (ðe koˈθina)] das Geschirrtuch
pantalón, el [pan̪taˈlon] die Hose
pantalón corto, el [pan̪taˈlon ˈkorto] die Shorts *Pl*
pantalón de chándal, el [pan̪taˈlon de ˈʧan̪dal] die Jogginghose
pantalón de esquí, el [pan̪taˈlon de esˈki] die Skihose
pantalones de montaña, los *Pl* [pan̪taˈlones ðe mon̪ˈtaɲa] die Trekkinghose
pantorrilla, la [pan̪toˈrriʝa] die Wade
pañuelo (de papel), el [paˈɲwelo (ðe paˈpel)] das Papiertaschentuch
papel de aluminio, el [paˈpel ðe aluˈminjo] die Alufolie
papel higiénico, el [paˈpel iˈxjeniko] das Toilettenpapier
papilla, la [paˈpiʝa] die Babynahrung
para [ˈpara] für
para llevar [ˈpara ʝeˈβar] zum Mitnehmen/To Go
para qué [ˈpara ke] wofür
parada, la [paˈraða] die Haltestelle
parado (-a), el (la) [paˈraðo, -a] arbeitslos
paraguas, el [paˈraɣwas] der Regenschirm
pareja, la [paˈrexa] das Paar/der (die) Partner(in)
pariente, el/la [paˈrjen̪te] der/die Verwandte
parka, la [ˈparka] die Outdoorjacke
parking, el [ˈparkiŋ] das Parkhaus
parque, el [ˈparke] der Laufstall
parqué, el [parˈke] das Parkett

parque infantil, el [ˈparke imfaṇˈtil] der Spielplatz
parto, el [ˈparto] die Geburt
parto prematuro, el [ˈparto premaˈturo] die Frühgeburt
pasa, la [ˈpasa] die Rosine
pasado mañana [paˈsaðo maˈɲana] übermorgen
pasador (para el pelo), el [pasaˈðor (ˈpara el ˈpelo)] die Haarspange
pasaporte, el [pasaˈporte] der Reisepass
pasar la aspiradora [paˈsar la aspiraˈðora] saugen
pasatiempos, los *Pl* [pasaˈtjempos] das Rätselheft
pasillo, el [paˈsiʝo] der Flur
paso de cebra, el [ˈpaso ðe ˈθebra] der Zebrastreifen
pasta, la [ˈpasta] die Nudeln *Pl*
pasta de dientes, la [ˈpasta ðe ðjeṇtes] die Zahncreme
pastel, el [pasˈtel] der Kuchen
pastilla, la [pasˈtiʝa] die Tablette
pastilla del día después, la [pasˈtiʝa ðel ˈdia ðesˈpwes] die Pille danach
pastilla para dormir, la [pasˈtiʝa ˈpara ðorˈmir] die Schlaftablette
patata, la [paˈtata] die Kartoffel
patatas fritas, las [paˈtatas ˈfritas] die Pommes frites *Pl*
patatillas, las *Pl* [pataˈtiʝas] die Chips *Pl*
pato, el [ˈpato] die Ente
pavo, el [ˈpaβo] die Pute, das Putenfleisch
peatón (-ona), el (la) [peaˈton, -ona] der (die) Fußgänger(in)
pecas, las *Pl* [ˈpekas] die Sommersprossen *Pl*
pecho, el [ˈpeʧo] die Brust
pediatra, el/la *m, f* [peˈðjatra] der (die) Kinderarzt (-ärztin)
pedido, el [peˈðiðo] die Bestellung
pedir [peˈðir] bestellen
pedirle algo (*a alguien*) [peˈðirle ˈalɣo (a ˈalɣjen)] bitten (*jdn um etw ...*)
pegamento, el [peɣaˈmeṇto] der Klebstoff
pegar [peˈɣar] kleben
peinarse [pei̯ˈnarse] sich kämmen
peine, el [ˈpei̯ne] der Kamm
pelar [peˈlar] schälen
pelea, la [peˈlea] der Streit
pelele, el [peˈlele] der Strampelanzug
película, la [peˈlikula] der Film
peligro, el [peˈliɣro] die Gefahr
pelirrojo (-a) [peliˈrroxo, -a] rothaarig
pelo, el [ˈpelo] das Haar
pelota, la [peˈlota] der Ball
peluche, el [peˈluʧe] das Kuscheltier
pendiente, el [peṇˈdjeṇte] der Ohrring
pene, el [ˈpene] der Penis
pensar [penˈsar] denken
pensión, la [penˈsjon] die Pension
pensión completa, la [penˈsjon komˈpleta] die Vollpension
penúltimo (-a), el (la) [peˈnuḷtimo, -a] vorletzte (r, s)
pepino, el [peˈpino] die Gurke
pequeño (-a) [peˈkeɲo, -a] klein
pera, la [ˈpera] die Birne
percha, la [ˈperʧa] der Bügel
perdonar [perðoˈnar] verzeihen
perejil, el [pereˈxil] die Petersilie
perejil tuberoso, el [pereˈxil tuβeˈroso] die Wurzelpetersilie
periódico, el [peˈrjoðiko] die Zeitung
perla, la [ˈperla] die Perle
pero [ˈpero] aber
perro lazarillo, el [ˈperro laθaˈriʝo] der Blindenhund
persiana, la [perˈsjana] der Rollladen
persona, la [perˈsona] der Mensch
persona discapacitada, la [perˈsona ðiskapaθiˈtaða] der/die Behinderte
persona en silla de ruedas, la [perˈsona en ˈsiʝa ðe ˈrrweðas] der (die) Rollstuhlfahrer(in)
pesar [peˈsar] abwiegen
pescadería, la [peskaðeˈria] der Fischladen
pescado al horno, el [pesˈkaðo al ˈorno] der gegrillter Fisch
pescar [pesˈkar] angeln
pez, el [peθ] der Fisch
picante [piˈkaṇte] scharf
picar [piˈkar] jucken
pie, el [pje] der Fuß
piel, la [pjel] die Haut
piel, la [pjel] das Leder
piel, la [pjel] die Schale
piercing, el [ˈpirsin] das Piercing
pierna, la [ˈpjerna] das Bein
pijama, el [piˈxama] der Schlafanzug
pila, la [ˈpila] die Batterie
píldora (anticonceptiva), la [ˈpiḷdora (aṇtikoṇθepˈtiβa)] die Antibabypille
piloto, el/la *m, f* [piˈloto] der (die) Pilot(in)
pilsen, la [ˈpilsen] das Pils
pimienta, la [piˈmjeṇta] der Pfeffer
pimiento, el [piˈmjeṇto] die Paprika
piña, la [ˈpiɲa] die Ananas

pintalabios Inv, el [piṇta'laβjos] der Lippenstift
pinza (de la ropa), la ['piṇθa (ðe la 'rropa)] die Wäscheklammer
pipa, la ['pipa] die Pfeife
piruleta, la [piru'leta] der Lutscher
piscina, la [pis'θina] das Schwimmbad
piso, el ['piso] die Wohnung
pizza, la ['pitsa] die Pizza
plancha, la ['planʧa] das Bügeleisen
planchar [plan'ʧar] bügeln
planeta, el [pla'neta] der Planet
plano (de la ciudad), el ['plano (ðe la θju'ðað)] der Stadtplan
planta, la ['plaṇta] die Pflanze
planta, la ['plaṇta] das Stockwerk
plátano, el ['platano] die Banane
plateado (-a) [plate'aðo, -a] silberfarben
platija, la [pla'tixa] die Scholle
platillo, el [pla'tiʝo] die Untertasse
plato, el ['plato] der Teller
plato precocinado, el ['plato prekoθi'naðo] das Fertiggericht
plato principal, el ['plato priṇθi'pal] die Hauptspeise
playa, la ['plaʝa] der Strand
plaza, la ['plaθa] der Platz
pluma, la ['pluma] der Füller
pocos (-as) *Pl* ['pokos, -as] wenige
podrido (-a) [po'ðriðo, -a] faulig
policía, la [poli'θia] die Polizei
poliéster, el [po'ljester] das Polyester
pollo, el ['poʝo] das Hähnchen
pollo asado, el ['poʝo a'saðo] das Brathähnchen
pomada, la [po'maða] die Salbe
pomelo, el [po'melo] die Grapefruit
poner [po'ner] decken
ponerse [po'nerse] anziehen
por [por] mal
por debajo de [por de'βaxo ðe] unterhalb
por encima de [por eṇ'θima ðe] oberhalb
por encima de [por eṇ'θima ðe] über
por la(s) mañana(s) [por la(s) ma'ɲana(s)] vormittags
por la(s) mañana(s) temprano [por la(s) ma'ɲana(s) tem'prano] morgens
por la(s) noche(s) [por la(s) 'noʧe(s)] nachts
por la(s) tarde(s) [por la(s) 'tarðe(s)] abends
por qué [por ke] warum
porque ['porke] weil
portátil, el [por'tatil] der/das Laptop
postal, la [pos'tal] die Postkarte
postre, el ['postre] der Nachtisch
practicar la respiración artificial [prakti'kar la rrespira'θjon artifi'θjal] beatmen
precio, el ['preθjo] der Preis
preferencia, la [prefe'reṇθja] die Vorliebe
presentarse/presentar a alguien [preseṇ'tarse/preseṇ'tar a 'alɣjen] (sich/jdn) vorstellen
pretzel, el ['pretθel] die Brezel
primavera, la [prima'βera] der Frühling
primer apellido, el [pri'mer ape'ʝiðo] der erste Nachname
primero (-a), el (la) [pri'mero, -a] erste (r, s)
primero, el [pri'mero] die Vorspeise
primo (-a), el (la) ['primo, -a] der (die) Cousin (e)
probador, el [proβa'ðor] die Umkleidekabine
probar [pro'βar] kosten
probarse [pro'βarse] anprobieren
problemas circulatorios, los *Pl* [pro'βlemas θirkula'torjos] die Kreislaufbeschwerden *Pl*
producto de limpieza, el [pro'ðukto ðe lim'pjeθa] das Putzmittel
propina, la [pro'pina] das Trinkgeld
prospecto, el [pros'pekto] der Beipackzettel
prótesis, la ['protesis] die Prothese
prueba de orina, la ['prweβa ðe o'rina] die Urinprobe
pub, el [paᵝ] die Bar
puchero, el [pu'ʧero] der Eintopf
pudin, el ['puðin] der Pudding
pueblo, el ['pweβlo] das Dorf
puente, el ['pweṇte] die Brücke
puerro, el ['pwerro] der Lauch
puerta, la ['pwerta] das Gate, die Tür
puesto, el ['pwesto] der Markstand
pulgar, el [pul'ɣar] der Daumen
pulmón, el [pul'mon] die Lunge
pulso, el ['pulso] der Puls
puntiagudo (-a) [puṇtja'ɣuðo, -a] spitz
punzada, la [puṇ'θaða] der Stich
puré de patatas, el [pu're ðe pa'tatas] das Kartoffelpüree

Q

que [ke] dass, was
qué/cuál [ke/kwal] welche (r, s)
quedar [ke'ðar] sich verabreden

quejarse [ke'xarse] sich beschweren
quemadura, la [kema'ðura] die Verbrennung
quemadura solar, la [kema'ðura so'lar] der Sonnenbrand
queso, el ['keso] der Käse
queso curado, el ['keso ku'raðo] der gereifte Käse
queso de untar, el ['keso ðe wn̩'tar] der Schmierkäse
queso fresco, el ['keso 'fresko] der Frischkäse
quién [kjen] wer
quince ['kin̩θe] fünfzehn
quinientos [ki'njen̩tos] fünfhundert
quinto (-a), el (la) ['kin̩to, -a] fünfte(r, s)
quitaesmalte, el [kitaes'mal̩te] der Nagellackentferner

R

rabanito, el [rraβa'nito] das Radieschen
radiador, el [rraðja'ðor] die Heizung
radio, la ['rraðjo] das Radio
rape, el ['rrape] der Seeteufel
rayo, el ['rraɟo] der Blitz
(re)cargar [rrekar'ɣar] aufladen
reanimar [rreani'mar] wiederbeleben
rebajado (-a) [rreβa'xaðo, -a] reduziert
receta, la [rre'θeta] das Rezept
recetar [rreθe'tar] verschreiben
rechazar [rreʧa'θar] ablehnen
rechazo, el [rre'ʧaθo] die Abneigung
recibir el alta [rreθi'βir el 'alta] entlassen werden
recibo, el [rre'θiβo] die Quittung
recién exprimido [rre'θjen espri'miðo] frisch gepresst
recogedor, el [rrekoxe'ðor] die Kehrschaufel
reconocer [rrekono'θer] untersuchen
reconocimiento, el [rrekonoθi'mjen̩to] die Untersuchung
redes sociales, las *Pl* ['rreðes so'θjales] die Soziale Medien *Pl*
redondo (-a) [rre'ðon̩do, -a] rund
regaliz, el [rreɣa'liθ] die Lakritze
regar [rre'ɣar] gießen
regla, la [regla] das Lineal
relajarse [rrela'xarse] chillen
reloj, el [rre'lox] die Uhr
remolcar [rremol'kar] abschleppen
remover [rremo'βer] umrühren
repetir [rrepe'tir] wiederholen
replicador de puertos, el [rreplika'ðor ðe 'pwertos] die Dockingstation
reptil, el [rrep'til] das Reptil
reservar [rreser'βar] buchen, reservieren
reservar (asiento) [rreser'βar a'sjen̩to] einen Sitzplatz reservieren
resfriado, el [rresfri'aðo] die Erkältung
respirar [rrespi'rar] atmen
respirar hondo [rrespi'rar 'on̩do] tief einatmen
restaurante, el [rrestau̯'ran̩te] das Restaurant
retraso, el [rre'traso] die Verspätung
revisor (a), el (la) [rreβi'sor(a)] der (die) Schaffner(in)
revista, la [rre'βista] die Zeitschrift
rico (-a) ['rriko, -a] köstlich
rímel, el ['rrimel] die Wimperntusche
riñón, el [rri'ɲon] die Niere
río, el ['rrio] der Fluss
rizo, el ['rriθo] die Locke
robo, el ['rroβo] der Diebstahl
robo con allanamiento, el ['rroβo kon aɟana'mjen̩to] der Einbruch
rodaballo, el [rroða'βaɟo] der Heilbutt
rodaja (de pan), la [rro'ðaxa (ðe pan)] die Scheibe (Brot)
rodilla, la [rro'ðiɟa] das Knie
rojo (-a) ['rroxo, -a] rot
rojo (-a)/azul oscuro (-a) ['rroxo, -a/ a'θul os'kuro, -a] dunkelrot
ron, el [rron] der Rum
ropa interior, la ['rropa in̩te'rjor] die Unterhose
rosa ['rrosa] rosa
roto (-a) ['rroto, -a] gebrochen (*Gliedmaße*)
rotonda, la [rro'ton̩da] der Kreisverkehr
rotura de ligamentos, la [rro'tura ðe liɣa'men̩tos] der Bänderriss
rotura ósea, la [rro'tura 'osea] der Knochenbruch
rubio (-a) ['rruβjo, -a] blond
rúcula, la ['rrukula] der Rucola
rueda de repuesto, la ['rrweða ðe rre'pwesto] das Ersatzrad
ruibarbo, el [rrwi'βarβo] der Rhabarber
ruinas, las *Pl* ['rrwinas] die Ruine

S

sábado, el ['saβaðo] der Samstag
sábana, la ['saβana] das Laken
sacapuntas Inv, el [saka'pun̩tas] der Spitzer
sacar dinero [sa'kar ði'nero] Geld abheben

sacar sangre [sa'kar 'saŋgre] Blut abnehmen
sal, la [sal] das Salz
sala de espera, la ['sala ðe es'pera] das Wartezimmer
sala de operaciones, la ['sala ðe opera'θjones] der Operationssaal
sala de partos, la ['sala ðe 'partos] der Kreißsaal
salado (-a) [sa'laðo, -a] salzig
salchicha, la [sal'ʧiʧa] das Würstchen
salchichón, el [salʧi'ʧon] die Salami
saldo, el ['sal̦do] das Guthaben, der Kontostand
salida, la [sa'liða] der Abflug
salida de emergencia, la [sa'liða ðe emer'xen̦θja] der Notausgang
salir [sa'lir] abfahren, ausgehen
salmón, el [sal'mon] der Lachs
salmonela, la [salmo'nela] die Salmonellen *Pl*
salón, el [sa'lon] das Wohnzimmer
salsa, la ['salsa] die Soße
salvar [sal'βar] retten
salvaslip, el [salβas'liᵖ] die Slipeinlage
sandalia, la [san̦'dalja] die Sandale
sandía, la [san̦'dia] die Wassermelone
sangrar [saŋ'grar] bluten
sangre, la ['saŋgre] das Blut
sano (-a) ['sano, -a] gesund
sardina, la [sar'ðina] die Sardine
sarpullido, el [sarpu'ʝiðo] der Ausschlag
sartén, la [sar'ten] die Pfanne
se/uno (-a) [se/uno, -a] man
secadora, la [seka'ðora] der Trockner
secar (con el paño) [se'kar (kon el 'paɲo)] abtrocknen
secarse [se'karse] sich abtrocknen
sección, la [seˠ'θjon] die Abteilung
sección de carnes, la [seˠ'θjon de 'karnes] die Fleischtheke
sección de pescado, la [seˠ'θjon de pes'kaðo] die Fischtheke
sección de quesos, la [seˠ'θjon de 'kesos] die Käsetheke
secuestro, el [se'kwestro] die Entführung
sed, la [seᶞ] der Durst
seda, la ['seða] die Seide
seguir [se'ɣir] folgen
segundo, el [se'ɣun̦do] die Sekunde
segundo (-a), el (la) [se'ɣun̦do, -a] zweite (r, s)
segundo apellido, el [se'ɣun̦do ape'ʝiðo] der zweite Nachname
seguro, el [se'ɣuro] die Krankenkasse
seis [sei̯s] sechs
selva, la ['selβa] der Urwald
semáforo, el [se'maforo] die Ampel
señal de tráfico, la [se'ɲal ðe 'trafiko] das Verkehrsschild
sencillo (-a) [sen̦'θiʝo, -a] einfach
sentir [sen̦'tir] bedauern, leidtun
sentirse... [sen̦'tirse] sich ... fühlen
septiembre [sep'tjembre] der September
séptimo (-a), el (la) ['septimo, -a] siebte(r, s)
sepultado (-a) [sepul̦'taðo, -a] verschüttet
ser autónomo (-a) [ser au̯'tonomo, -a] selbstständig sein
sereno (-a) [se'reno, -a] gelassen
serrar [se'rrar] sägen
servicio de asistencia en carretera, el [ser'βiθjo ðe asis'ten̦θja eŋ karre'tera] der Pannendienst
servicios, los *Pl* [ser'βiθjos] die Kundentoilette
servilleta, la [serβi'ʝeta] die Serviette
sesenta [se'sen̦ta] sechzig
seta, la ['seta] der Pilz
seta calabaza, la ['seta kala'βaθa] der Steinpilz
setenta [se'ten̦ta] siebzig
seto, el ['seto] die Hecke
sexo, el ['seˠso] das Geschlecht, der Geschlechtsverkehr
sexto (-a), el (la) ['sesto, -a] sechste (r, s)
si [si] falls, ob
sierra, la ['sjerra] die Säge
siete ['sjete] sieben
silla, la ['siʝa] der Stuhl
silla de ruedas, la ['siʝa ðe 'rrweðas] der Rollstuhl
sillón, el [si'ʝon] der Sessel
simpático (-a) [sim'patiko, -a] sympathisch
sin [sin] ohne
sin afeitar [sin afei̯'tar] unrasiert
sin alcohol [sin al'kol] alkoholfrei
sin azúcar [sin a'θukar] zuckerfrei
sin gas ya [siŋ gas ʝa] abgestanden
sin gluten [siŋ 'gluten] glutenfrei
sin lactosa [sin lak'tosa] laktosefrei
sino ['sino] sondern/**convertir** [komber'tir]
sirena, la [si'rena] das Martinshorn, die Sirene
smartphone, el [es'mar(t)fon] das Smartphone
SMS, el [ese'mese] die SMS

sobremesa/hora de la siesta, la [soβre'mesa/'ora ðe la 'sjesta] der Nachmittag
sobrevivir [soβreβi'βir] überleben
sobrina, la [so'βrina] die Nichte
sobrino, el [so'βrino] der Neffe
socorrista, el (la) *m, f* [soko'rrista] der (die) Rettungsschwimmer(in)
sofá, el [so'fa] das Sofa
soja, la ['soxa] die Sojabohne
sol, el [sol] die Sonne
sombra de ojos, la ['sombra ðe 'oxos] der Lidschatten
sombrero, el [som'brero] der Hut
sombrilla, la [som'briʝa] der Sonnenschirm
sopa, la ['sopa] die Suppe
sorber [sor'βer] schlürfen
sordo (-a) ['sorðo, -a] gehörlos
sorprendido (-a) [sorpren̩'diðo, -a] überrascht
sospechoso (-a), el (la) [sospe'ʧoso, -a] der/die Verdächtige
sótano, el ['sotano] der Keller
su [su] Ihr (e), ihr (e), ihr (e) (*3. Ps, Pl*)
su [su] sein (e) (*männl/sächl*)
sucio (-a) ['suθjo, -a] schmutzig
sudadera, la [suða'ðera] das Sweatshirt
suegra, la ['sweɣra] die Schwiegermutter
suegro, el ['sweɣro] der Schwiegervater
suela, la ['swela] die Sohle
sujetador, el [suxeta'ðor] der BH
supermercado, el [supermer'kaðo] der Supermarkt
supositorio, el [suposi'torjo] das Zäpfchen
supurar [supu'rar] eitern
sur, el [sur] der Süden
sushi, el ['suʃi] das Sushi

T

tabaco, el [ta'βako] der Tabak
tabla (de cortar), la ['taβla (ðe kor'tar)] das Schneidebrett
tabla de Planchar, la ['taβla ðe Plan'ʧar] das Bügelbrett
tablet, la ['taβlet] das Tablet
tablilla, la [ta'βliʝa] die Schiene
tacón, el [ta'kon] der Absatz (*Schuh*)
taladrar [tala'ðrar] bohren
taladro, el [ta'laðro] der Bohrer
taladro inalámbrico, el [ta'laðro ina'lambriko] der Akkuschrauber
talla, la ['taʝa] die Kleidergröße
tallarines, los *Pl* [taʝa'rines] die Tagliatelle *Pl*

talón, el [ta'lon] die Ferse
tampón, el [tam'pon] der Tampon
tanto... como ['tan̩to... 'komo] sowohl ... als auch
tapadera, la [tapa'ðera] der Deckel
taquicardia, la [taki'karðja] das Herzrasen
tarde, la ['tarðe] der Abend
tarde ['tarðe] spät
tarifa, la [ta'rifa] der Tarif
tarjeta bancaria, la [tar'xeta βaŋ'karja] die Bankkarte
tarjeta de cliente, la [tar'xeta ðe 'kljen̩te] die Kundenkarte
tarjeta de crédito, la [tar'xeta ðe 'kreðito] die Kreditkarte
tarjeta de débito, la [tar'xeta ðe 'ðeβito] die EC-Karte
tarjeta de embarque, la [tar'xeta ðe em'barke] die Bordkarte
tarjeta de memoria, la [tar'xeta ðe me'morja] die Speicherkarte
tarjeta de visita, la [tar'xeta ðe βi'sita] die Visitenkarte
tarjeta del seguro, la [tar'xeta ðel se'ɣuro] die Versichertenkarte
tarjeta prepago, la [tar'xeta pre'paɣo] die Prepaid-Karte
tarjeta SIM, la [tar'xeta sim] die SIM-Karte
tatuaje, el [tatu'axe] das Tattoo
taxi, el ['taˠsi] das Taxi
taza, la ['taθa] der Becher, die Tasse
té, el [te] der Tee
té helado, el [te e'laðo] der Eistee
té negro, el [te'neɣro] der Schwarztee
té verde, el [te 'βerðe] der Grüntee
teatro, el [te'atro] das Theater
techo, el ['teʧo] das Dach
teclear [tekle'ar] tippen
teléfono, el [te'lefono] das Telefon
teléfono de urgencias, el [te'lefono ðe ur'xen̩θjas] die Notrufnummer
televisor, el [teleβi'sor] der Fernseher
temperatura, la [tempera'tura] die Temperatur
temporal, el [tempo'ral] der Sturm
temprano [tem'prano] früh
tendedero, el [ten̩de'ðero] der Wäscheständer
tendón, el [ten̩'don] die Sehne
tenedor, el [tene'ðor] die Gabel
tenis, el ['tenis] das Tennis
tensión, la (*alta/baja*) [ten'sjon 'alta/ 'baxa] der Blutdruck (*hoch/niedrig*)
terapia intravenosa, la [te'rapja in̩traβe'nosa] die Infusion

T

tercero (-a), el (la) [terˈθero, -a] dritte (r, s)
ternera, la [terˈnera] das Kalbfleisch
terraza, la [teˈrraθa] die Terrasse
terremoto, el [terreˈmoto] das Erdbeben
terrorismo, el [terroˈrismo] der Terrorismus
test de embarazo, el [tesᵗ de embaˈraθo] der Schwangerschaftstest
testículo, el [tesˈtikulo] der Hoden
testigo, el/la *m, f* [tesˈtiɣo] der (die) Zeuge (-in)
tía, la [ˈtia] die Tante
tienda (de campaña), la [ˈtjeṇda (ðe kamˈpaɲa)] das Zelt
tienda de deportes, la [ˈtjeṇda ðe ðeˈportes] das Sportgeschäft
tienda de productos dietéticos y biológicos, la [ˈtjeṇda ðe proˈðuktos ðjeˈtetikos i βjoˈloxikos] das Reformhaus
tienda de productos naturales, la [ˈtjeṇda ðe proˈðuktos natuˈrales] der Bioladen
tienda de recuerdos, la [ˈtjeṇda ðe rreˈkwerðos] der Souvenirladen
tierra, la [ˈtjerra] die Erde
tijeras, las *Pl* [tiˈxeras] die Schere
tijeras de uñas, las *Pl* [tiˈxeras ðe ˈwɲas] die Nagelschere
timbre, el [ˈtimbre] die Klingel
tímido (-a) [ˈtimiðo, -a] schüchtern
tío, el [ˈtio] der Onkel
tipo de cambio, el [ˈtipo ðe ˈkambjo] der Wechselkurs
tique, el [ˈtike] der Kassenbon
tirar (a la basura) [tiˈrar (a la βaˈsura)] wegwerfen
tirita, la [tiˈrita] das Pflaster
tiritar [tiriˈtar] zittern
tiroides, el *Inv* [tiˈroi̯ðes] die Schilddrüse
toalla, la [toˈaʝa] das Handtuch
toallita húmeda, la [toaˈʝita ˈumeða] das Feuchttuch
tobillo, el [toˈβiʝo] der Knöchel
tocar (al timbre) [toˈkar (al ˈtimbre)] klingeln
todos (-as) *Pl* [ˈtoðos, -as] alle
tofu, el [ˈtofu] der Tofu
tomar el sol [toˈmar el sol] sich sonnen
tomate, el [toˈmate] die Tomate
tonelada, la [toneˈlaða] die Tonne
torcido (-a) [torˈθiðo, -a] verrenkt
tormenta, la [torˈmeṇta] das Gewitter
tornillo, el [torˈniʝo] die Schraube
torre, la [ˈtorre] der Turm/
suave [suˈaβe]
tortellinis, los *Pl* [torteˈlinis] die Tortellini *Pl*
tortiglionis, los *Pl* [tortiˈɣljonis] die Rigatoni *Pl*
tortilla, la [torˈtiʝa] das Omelett
tortilla de patatas, la [torˈtiʝa ðe paˈtatas] das Kartoffelomelett
tos, la [tos] der Husten
toser [toˈser] husten
tostador, el [tostaˈðor] der Toaster
trabajar [traβaˈxar] arbeiten
traducir [traðuˈθir] übersetzen
tráfico, el [ˈtrafiko] der Verkehr
traje, el [ˈtraxe] der Anzug
transpirable [tra⁽ⁿ⁾spiˈraβle] atmungsaktiv
tranvía, el [tramˈbia] die S-Bahn®
trapo, el [ˈtrapo] das Staubtuch
trasero, el [traˈsero] das Gesäß
tratamiento, el [trataˈmjeṇto] die Behandlung
trece [ˈtreθe] dreizehn
treinta [ˈtreiṇta] dreißig
treinta y cuatro [ˈtreiṇta i̯ ˈkwatro] vierunddreißig
tren, el [tren] der Zug
tres [tres] drei
tres veces [tres ˈβeθes] dreimal
trescientos [tresˈθjeṇtos] dreihundert
triángulo, el [triˈaŋɣulo] das Warndreieck
trigo, el [ˈtriɣo] der Weizen
triple [ˈtriple] dreifach
trípode, el [ˈtripoðe] das Stativ
triste [ˈtriste] traurig
trona, la [ˈtrona] der Hochstuhl
tronco, el [ˈtroŋko] der Oberkörper
trucha, la [ˈtruʧa] die Forelle
trueno, el [ˈtrweno] der Donner
tu [tu] dein (e)
tú [tu] du
tuit, el [tujt] der Tweet
tuitear [tujteˈar] twittern
tumbona, la [tumˈbona] der Liegestuhl
túnel, el [ˈtunel] der Tunnel
turquesa [turˈkesa] türkis

U

u [u] oder
UCI, la [ˈuθi] die Intensivstation
último (-a), el (la) [ˈuḷtimo, -a] letzte (r, s)
un tercio [uṇ ˈterθjo] ein Drittel
una de la tarde, la [la ˈuna ðe la ˈtarðe] dreizehn Uhr

una docena [ˈuna doˈθena] ein Dutzend
una vez [ˈuna βeθ] einmal
unidad, la [uniˈðaᶞ] die Station
unidad de urgencias, la [uniˈðaᶞ de urˈxen̪θjas] die Notaufnahme
unión civil, la [uˈnjon̪ θiˈβil] die eingetragene Lebenspartnerschaft
universidad, la [uniβersiˈðaᶞ] die Universität
uno [ˈuno] eins
uno (-a) y medio (-a) [ˈuno, -a i̯ ˈmeðjo, -a] eineinhalb
unos (-as) pocos (-as) *Pl* [ˈunos, -as ˈpokos, -as] ein paar, wenige
usted [usˈteð] Sie
uva, la [ˈuβa] die Weintraube

V

vacaciones, las *Pl* [bakaˈθjones] die Ferien *Pl*
vacunar [bakuˈnar] impfen
vagina, la [baˈxina] die Scheide
vajilla, la [baˈxiʝa] das Geschirr
vaqueros, los *Pl* [baˈkeros] die Jeans *meist Pl*
varias veces [ˈbarjas ˈβeθes] mehrmals
vaso, el [ˈbaso] das Glas
váter, el [ˈbater] die Toilette
vecino (-a), el (la) [beˈθino, -a] der (die) Nachbar(in)
vegano (-a) [beˈɣano, -a] vegan
vegetariano (-a) [bexetaˈrjano, -a] vegetarisch
veinte [ˈbei̯n̪te] zwanzig
veintiuno [bei̯n̪ˈtjuno] einundzwanzig
vejiga, la [beˈxiɣa] die Blase (*Harnblase*)
vena, la [ˈbena] die Ader, die Vene
vendaje, el [ben̪ˈdaxe] der Verband
vendar [ben̪ˈdar] verbinden
vendedor (a), el (la) [ben̪deˈðor(a)] der (die) Marktverkäufer(in)
vender [ben̪ˈder] verkaufen
venenosa [beneˈnosa] giftig
ventana, la [ben̪ˈtana] das Fenster
ventoso (-a) [ben̪ˈtoso, -a] windig
verano, el [beˈrano] der Sommer
verde [ˈberðe] grün
verdura ultracongelada, la [berˈðura ul̪trakoŋxeˈlaða] das Tiefkühlgemüse
vestido, el [besˈtiðo] das Kleid
viajar [bjaˈxar] reisen
viaje para conocer una ciudad, el [ˈbjaxe ˈpara konoˈθer ˈuna θjuˈðaᶞ] die Städtereise
viejo (-a) [ˈbjexo, -a] alt
viento, el [ˈbjen̪to] der Wind
viernes, el *Inv* [ˈbjernes] der Freitag
vigésimo (-a), el (la) [biˈxesimo, -a] zwanzigste (r, s)
vinagre, el [biˈnaɣre] der Essig
vino, el [ˈbino] der Wein
vino blanco, el [ˈbino ˈβlaŋko] der Weißwein
vino rosado, el [ˈbino rroˈsaðo] der Roséwein
vino tinto, el [ˈbino ˈtin̪to] der Rotwein
violación, la [bjolaˈθjon] die Vergewaltigung
virus, el *Inv* [ˈbirus] das Virus
visado, el [biˈsaðo] das Visum
visitar [bisiˈtar] besuchen
vivir [biˈβir] wohnen
volar [boˈlar] fliegen
volcán, el [bolˈkan] der Vulkan
vomitar [bomiˈtar] sich übergeben
vosotros (-as) *Pl* [boˈsotros, -as] ihr
vuelta, la [ˈbwel̪ta] das Wechselgeld
vuestro (-a) [ˈbwestro, -a] euer; eure

W

whisky, el [ˈwiski] der Whisky

Y

y [i] und
ya que [ʝa ke] da
yerno, el [ˈʝerno] der Schwiegersohn
yo [ʝo] ich
yoga, el [ˈʝoɣa] das Yoga
yogur, el [ˈʝoɣur] der/das Joghurt
yogur espeso, el [ˈʝoɣur esˈpeso] der Quark

Z

zanahoria, la [θanaˈorja] die Karotte
zapatería, la [θapateˈria] das Schuhgeschäft
zapatilla (de deporte), la [θapaˈtiʝa (ðe ðeˈporte)] der Turnschuh
zapato, el [θaˈpato] der Schuh
zarzamora, la [θarθaˈmora] die Brombeere
zona peatonal, la [ˈθona peatoˈnal] die Fußgängerzone
zoo, el [θo] der Zoo
zumo, el [ˈθumo] der Saft
zumo de manzana, el [ˈθumo ðe man̪ˈθana] der Apfelsaft
zumo de naranja, el [ˈθumo ðe naˈraŋxa] der Orangensaft

Glossar

› Deutsch – Spanisch

A

Aal, der la anguila [aŋˈgila]
ab und zu de vez en cuando [de βeθ eŋ ˈkwando]
Abend, der la tarde [ˈtarðe]
abends por la(s) tarde(s) [por la(s) ˈtarðe(s)]
aber pero [ˈpero]
abfahren salir [saˈlir]
Abflug, der la salida [saˈliða]
abgelaufen caducado (-a) [kaðuˈkaðo, -a]
abgestanden sin gas ya [siŋ gas ʝa]
abhören auscultar [auskulˈtar]
ablehnen rechazar [rretʃaˈθar]
Abneigung, die el rechazo [rreˈtʃaθo]
Absatz, der (*Schuh*) el tacón [taˈkon]
abschleppen remolcar [rremolˈkar]
Abteil, das el compartimento [kompartiˈmento]
Abteilung, die la sección [seɣˈθjon]
Abtreibung, die el aborto [aˈβorto]
abtrocknen secar (con el paño) [seˈkar (kon el ˈpaɲo)]
abwaschen fregar [freˈɣar]
abwiegen pesar [peˈsar]
acht ocho [ˈotʃo]
achte(r, s) el (la) octavo (-a) [okˈtaβo, -a]
achtzehn dieciocho [djeˈθjotʃo]
achtzig ochenta [oˈtʃenta]
Adapter, der el adaptador [aðaptaˈðor]
Ader, die la vena [ˈbena]
Adresse, die la dirección postal [direɣˈθjon posˈtal]
Akku, der la batería [bateˈria]
Akkuschrauber, der el taladro inalámbrico [taˈlaðro inaˈlambriko]
Alkohol, der el alcohol [alˈkol]
alkoholfrei sin alcohol [sin alˈkol]
alle todos (-as) *Pl* [ˈtoðos, -as]
Allergie, die la alergia [aˈlerxia]
allergisch (gegen) alérgico (-a) [aˈlerxiko, -a (a)]
als como [ˈkomo]
alt viejo (-a) [ˈbjexo, -a]
Alter, das la edad [eˈðaᶞ]
Altstadt, die el casco antiguo [ˈkasko anˈtiɣwo]
Alufolie, die el papel de aluminio [paˈpel ðe aluˈminjo]
am besten lo mejor [lo meˈxor]
am Stück entero (-a) [enˈtero, -a]
ambulant ambulatorio (-a) [ambulaˈtorjo, -a]
Ampel, die el semáforo [seˈmaforo]
Ananas, die la piña [ˈpiɲa]
angeln pescar [pesˈkar]
angestellt empleado (-a) [empleˈaðo, -a]
Anhänger, der el colgante [kolˈɣante]
ankommen llegar [ʎeˈɣar]
Ankunft, die la llegada [ʎeˈɣaða]
anmachen (*Salat*) aliñar [aliˈɲar]
Anorak, der el anorak [anoˈrakᵏ]
anprobieren probarse [proˈβarse]
Anschluss, der la conexión [koneɣˈsjon]
Anschovis, die la anchoa [anˈtʃoa]
Anschovis, die (*frisch*) el boquerón [bokeˈron]
ansteckend contagioso (-a) [kontaˈxjoso, -a]
anstehen hacer cola [aˈθer ˈkola]
Antibabypille, die la píldora (anticonceptiva) [ˈpildora (antikonθepˈtiβa)]
Antibiotikum, das el antibiótico [antiˈβjotiko]
anziehen ponerse [poˈnerse]
Anzug, der el traje [ˈtraxe]
Apfel, der la manzana [manˈθana]
Apfelsaft, der el zumo de manzana [ˈθumo ðe manˈθana]
Apotheke, die la farmacia [farˈmaθja]
Apotheker(in), der (die) el (la) farmacéutico (-a) [farmaˈθeutiko, -a]
App, die la app [ap]
Aprikose, die el albaricoque [alβariˈkoke]
April, der abril [aˈβril]
Ar, der/das el área [ˈarea]
arbeiten trabajar [traβaˈxar]
arbeitslos el (la) parado (-a) [paˈraðo, -a]
Arbeitszimmer, das el cuarto de trabajo [ˈkwarto ðe traˈβaxo]
Arm, der el brazo [ˈbraθo]
Ärmel, der la manga [ˈmaŋga]
Arterie, die la arteria [arˈterja]
Artischocke, die la alcachofa [alkaˈtʃofa]

Arzt (Ärztin), der (die) el (la) doctor (a) [dok'tor(a)]
Atemnot, die la asfixia [as'fiʸsja]
atmen respirar [rrespi'rar]
atmungsaktiv transpirable [tra⁽ⁿ⁾spi'raβle]
attraktiv atractivo (-a) [atrak'tiβo, -a]
Aubergine, die la berenjena [bereŋ'xena]
auf encima de [eṇ'θima ðe]
aufgeregt emocionado (-a) [emoθjo'naðo, -a]
aufladen (re)cargar [rrekar'ɣar]
aufrufen llamar [ʝa'mar]
aufschreiben apuntar [apuṇ'tar]
Aufzug, der el ascensor [asθen'sor]
Auge, das el ojo ['oxo]
August, der agosto [a'ɣosto]
ausgehen salir [sa'lir]
ausgezeichnet excelente [esθe'leṇte]
Ausländer(in), der (die) el (la) extranjero (-a) [estraŋ'xero, -a]
Auslandsgebühr, die la comisión [komi'sjon]
Ausschlag, der el sarpullido [sarpu'ʝiðo]
aussuchen elegir [ele'xir]
Auster, die la ostra ['ostra]
ausverkauft agotado (-a) [aɣo'taðo, -a]
Ausweis, der el carné [kar'ne]
Auszubildende, der/die el/la aprendiz [apreṇ'diθ]
Auto, das el coche ['koʧe]
Autobahn, die la autopista [au̯to'pista]
Avocado, die el aguacate [aɣwa'kate]

B

Baby, das el bebé [be'βe]
Babynahrung, die la papilla [pa'piʝa]
backen asar [a'sar]
Backenzahn, der la muela ['mwela]
Bäckerei, die la panadería [panaðe'ria]
Backofen, der el horno ['orno]
Badeanzug, der el bañador [baɲa'ðor]
Badehose, die el bañador [baɲa'ðor]
baden bañarse [ba'ɲarse]
Badewanne, die la bañera [ba'ɲera]
Badezimmer, das el cuarto de baño ['kwarto ðe 'baɲo]
Baguette, das la barra (de pan) ['barra (ðe pan)]
Bahnhof, der la estación de tren [esta'θjon ðe tren]
Bakterien, die *Pl* las bacterias *Pl* [bak'terjas]
Balkon, der el balcón [bal'kon]
Ball, der la pelota [pe'lota]
Ballett, das el ballet [ba'le]
Banane, die el Plátano ['platano]
Bänderriss, der la rotura de ligamentos [rro'tura ðe liɣa'meṇtos]
Bank, die el banco ['baŋko]
Bankkarte, die la tarjeta bancaria [tar'xeta βaŋ'karja]
Bar, die el pub [pa^β]
bar en efectivo [en efek'tiβo]
bar bezahlen pagar en efectivo [pa'ɣar en efek'tiβo]
Bargeld, das el dinero en efectivo [di'nero en efek'tiβo]
barrierefrei accesible [aʸθe'siβle]
Bart, der la barba ['barβa]
basteln hacer bricolaje y manualidades [a'θer briko'laxe i manwali'ðaðes]
Batterie, die la pila ['pila]
Bauch, der la barriga [ba'rriɣa]
Bauchschmerzen, die *Pl* el dolor de barriga [do'lor ðe ba'rriɣa]
Bauchspeicheldrüse, die el páncreas ['paŋkreas]
Bauklotz, der el cubo de construcción ['kuβo ðe konstruʸ'θjon]
Baum, der el árbol ['arβol]
Baumwolle, die el algodón [alɣo'ðon]
Baustelle, die la obra ['oβra]
bearbeiten editar [eði'tar]
beatmen practicar la respiración artificial [prakti'kar la rrespira'θjon artifi'θjal]
Becher, der la taza ['taθa]
bedauern sentir [seṇ'tir]
bedienen atender [ateṇ'der]
Beerdigung, die el entierro [eṇ'tjerro]
Beere, die las bayas *Pl* ['baʝas]
Beet, das el arriate [arri'ate]
begeistert entusiasmado (-a) [eṇtusjas'maðo, -a]
Behandlung, die el tratamiento [trata'mjeṇto]
behindert discapacitado (-a) [diskapaθi'taðo, -a]

Behinderte, der/die la persona discapacitada [perˈsona ðiskapaθiˈtaða]
beide los (-as) dos *Pl* [los, -as ðos]
beige beis *Inv* [bei̯s]
Beilage, die el acompañamiento [akompaɲaˈmjen̪to]
Beilagensalat, der la ensalada de acompañamiento [ensaˈlaða ðe akompaɲaˈmjen̪to]
Bein, das la pierna [ˈpjerna]
Beipackzettel, der el prospecto [prosˈpekto]
Bekannte, der/die el (la) conocido (-a) [konoˈθiðo, -a]
Benzin, das la gasolina [gasoˈlina]
bereuen arrepentirse [arrepen̪ˈtirse]
Berg, der la montaña [mon̪ˈtaɲa]
Bergwacht, die el equipo de rescate de montaña [eˈkipo ðe rresˈkate ðe mon̪ˈtaɲa]
Beruhigungsmittel, das el calmante [kalˈman̪te]
Besen, der la escoba [esˈkoβa]
besser mejor [meˈxor]
beste Freund(in), der (die) el (la) mejor amigo (-a) [meˈxor aˈmiɣo, -a]
Besteck, das los cubiertos *Pl* [kuˈβjertos]
bestellen pedir [peˈðir]
Bestellung, die el pedido [peˈðiðo]
besuchen visitar [bisiˈtar]
Besuchszeiten, die *Pl* el horario de visitas [oˈrarjo ðe βiˈsitas]
betonen destacar [destaˈkar]
Bett, das la cama [ˈkama]
Bettdecke, die el edredón [eðreˈðon]
bevor antes de (que) [ˈan̪tes de (ke)]
bewusstlos inconsciente [iŋko^{n}sˈθjen̪te]
bezahlen pagar [paˈɣar]
bezweifeln dudar [duˈðar]
BH, der el sujetador [suxetaˈðor]
Bibliothek, die la biblioteca [biβljoˈteka]
Bier, das la cerveza [θerˈβeθa]
Bikini, der el bikini [biˈkini]
bio ecológico (-a) [ekoˈloxiko, -a]
Bioladen, der la tienda de productos naturales [ˈtjen̪da ðe proˈðuktos natuˈrales]
Birne, die la pera [ˈpera]
Biss, der el mordisco [morˈðisko]
Bitte, die el favor [faˈβor]
bitten (*jdn um etw ...*) pedirle algo (a alguien) [peˈðirle ˈalɣo (a ˈalɣjen)]
bitter amargo (-a) [aˈmarɣo, -a]
Blase, die (*Harnblase*) la vejiga [beˈxiɣa]
Blase, die (*Haut*) la ampolla [amˈpoʝa]
Blasenentzündung, die la cistitis *Inv* [θisˈtitis]
blau azul [aˈθul]
Blazer, der el blazer [ˈblei̯ser]
Bleistift, der el lápiz [ˈlapiθ]
blind ciego (-a) [ˈθjeɣo, -a]
Blinddarmentzündung, die la apendicitis *Inv* [apen̪diˈθitis]
Blindenhund, der el perro lazarillo [ˈperro laθaˈriʝo]
Blitz, der el rayo [ˈrraʝo]
blond rubio (-a) [ˈrruβjo, -a]
Blume, die la flor [flor]
Blumenkohl, der la coliflor [koliˈflor]
Blumenladen, der la floristería [floristeˈria]
Bluse, die la blusa [ˈblusa]
Blut, das la sangre [ˈsaŋgre]
Blut abnehmen sacar sangre [saˈkar ˈsaŋgre]
Blut spenden donar sangre [doˈnar ˈsaŋgre]
Blutbild, das el cuadro sanguíneo [ˈkwaðro saŋˈgineo]
Blutdruck, der la tensión [tenˈsjon]
Blüte, die la flor [flor]
bluten sangrar [saŋˈgrar]
Bluterguss, der el hematoma [emaˈtoma]
blutig muy poco hecho [mwi ˈpoko ˈetʃo]
Blutwurst, die la morcilla [morˈθiʝa]
Bodylotion, die la loción corporal [loˈθjoŋ korpoˈral]
Bohne, die la judía blanca [xuˈðia ˈβlaŋka]
bohren taladrar [talaˈðrar]
Bohrer, der el taladro [taˈlaðro]
Bombe, die la bomba [ˈbomba]
Bonbon, der/das el caramelo [karaˈmelo]
Bordkarte, die la tarjeta de embarque [tarˈxeta ðe emˈbarke]
Brand, der el incendio [in̪ˈθen̪djo]
Braten, der el asado [aˈsaðo]
braten freír [freˈir]
Brathähnchen, das el pollo asado [ˈpoʝo aˈsaðo]
braun marrón [maˈrron]
brennen arder [arˈðer]
Brezel, die el pretzel [ˈpretθel]

Briefkasten, der el buzón [bu'θon]
Brille, die las gafas *Pl* ['gafas]
Brokkoli, der el brócoli ['brokoli]
Brombeere, die la zarzamora [θarθa'mora]
Brötchen, das el bollo (*größer und länglich*) ['boʝo]
Brötchen, das el panecillo (*klein*) [pane'θiʝo]
Brücke, die el puente ['pwen̪te]
Bruder, der el hermano [er'mano]
Brühe, die el caldo ['kal̪do]
Brust, die el pecho ['peʧo]
Buch, das el libro ['liβro]
buchen reservar [rreser'βar, kon̪tra'tar]
Buchladen, der la librería [liβre'ria]
buchstabieren deletrear [deletre'ar]
Bügel, der la percha ['perʧa]
Bügelbrett, das la tabla de Planchar ['taβla ðe Plan'ʧar]
Bügeleisen, das la Plancha ['planʧa]
bügeln planchar [plan'ʧar]
bunt de colores [de ko'lores]
Buntstift, der el lápiz de color ['lapiθ de ko'lor]
Büro, das la oficina [ofi'θina]
Bürste, die el cepillo [θe'piʝo]
Bus, der el autobús [au̯to'βus]
Butter, die la mantequilla [man̪te'kiʝa]

C

Café, das la cafetería [kafete'ria]
Campingplatz, der el camping ['kampiŋ]
Cappuccino, der el capuchino [kapu'ʧino]
CD, die el CD [θe'ðe]
Cent, der el céntimo ['θen̪timo]
Champagner, der el champán [ʧam'pan]
Champignon, der el champiñón [ʧampi'ɲon]
Chicorée, der la endivia [en̪'diβja]
chillen relajarse [rrela'xarse]
Chips, die *Pl* las patatillas *Pl* [pata'tiʝas]
Chirurg(in), der (die) el (la) cirujano (-a) [θiru'xano, -a]
Club, der el club [kluβ]
Cocktail, der el cóctel [kok'tel]
Cola, das/die la coca-cola® [koka'kola]
Comic, der/das el cómic ['komi^k]
Computer, der el ordenador [orðena'ðor]
Computerspiel, das el juego de ordenador ['xweɣo ðe orðena'ðor]
Cousin(e), der (die) el (la) primo (-a) ['primo, -a]
Creme, die la crema ['krema]
Crêpe, die el crep [kre^p]
Croissant, das el cruasán [krwa'san]

D

da ya que [ʝa ke]
Dach, das el techo ['teʧo]
Dachgeschoss, das el ático ['atiko]
Damenbinde, die la compresa [kom'presa]
Dank, der las gracias *Pl* ['graθjas]
Darm, der el intestino [in̪tes'tino]
dass que [ke]
Date, das la cita ['θita]
Dattel, die el dátil ['datil]
Datum, das la fecha ['feʧa]
Daumen, der el pulgar [pul'ɣar]
Deckel, der la tapadera [tapa'ðera]
decken poner [po'ner]
Defibrillator, der el desfibrilador [desfiβrila'ðor]
dein(e) tu [tu]
denken pensar [pen'sar]
Denkmal, das el monumento [monu'men̪to]
Deo(dorant), das el desodorante [desoðo'ran̪te]
desinfizieren desinfectar [desiɱfek'tar]
Dezember, der diciembre [di'θjembre]
Diabetes, der la diabetes *Inv* [dja'βetes]
Diagnose, die el diagnóstico [djaɣ'nostiko]
dick gordo (-a) ['gorðo, -a]
Dieb(in), der (die) el ladrón (-ona) [la'ðron, -ona]
Diebstahl, der el robo ['rroβo]
Dienstag, der el martes *Inv* ['martes]
Diesel, der el gasoil [ga'soi̯l]
Digitalkamera, die la cámara digital ['kamara ðixi'tal]
diskutieren discutir [disku'tir]
Dockingstation, die el replicador de puertos [rreplika'ðor ðe 'pwertos]
Dollar, der el dólar ['dolar]
Döner, der el kebab [ke'βa^β]

Donner, der el trueno [ˈtrweno]
Donnerstag, der el jueves *Inv* [ˈxweβes]
Doppelzimmer, das la habitación doble [aβitaˈθjon̪ ˈdoβle]
Dorade, die la dorada [doˈraða]
Dorf, das el pueblo [ˈpweβlo]
Dosierung, die la dosis *Inv* [ˈdosis]
downloaden bajar [baˈxar]
Draht, der el alambre [aˈlambre]
drei tres [tres]
drei Uhr las tres [las tres]
dreifach triple [ˈtriple]
dreihundert trescientos [tresˈθjen̪tos]
dreimal tres veces [tres ˈβeθes]
dreißig treinta [ˈtrei̯n̪ta]
dreizehn trece [ˈtreθe]
dreizehn Uhr la una de la tarde [la ˈu̯na ðe la ˈtarðe]
Dressing, das el aliño [aˈliɲo]
dritte(r, s) el (la) tercero (-a) [terˈθero, -a]
Drogerie, die la droguería [droɣeˈria]
Drucker, der la impresora [impreˈsora]
du tú [tu]
dunkel oscuro (-a) [osˈkuro, -a]
dunkelhaarig moreno (-a) [moˈreno, -a]
dunkle Brot, das el pan negro [pan ˈneɣro]
durch a través de [a traˈβes ðe]
Durchfall, der la diarrea [djaˈrrea]
Durst, der la sed [seᶞ]
Dusche, die la ducha [ˈduʧa]
Duschgel, das el gel (de ducha) [xel (de ˈduʧa)]
Duty-free-Laden, der el duty free [ˈduti fri]
DVD, die el DVD [deuβeˈðe]

E

echt auténticas [au̯ˈten̪tikas]
EC-Karte, die la tarjeta de débito [tarˈxeta ðe ˈðeβito]
Edelreizker, der el níscalo [ˈniskalo]
Ehe, die el matrimonio [matriˈmonjo]
(Ehe-)Frau, die la mujer [muˈxer]
(Ehe-)Mann, der el marido [maˈriðo]
Ei, das el huevo [ˈweβo]
eifersüchtig celoso (-a) [θeˈloso, -a]
ein paar unos (-as) pocos (-as) *Pl* [ˈunos, -as ˈpokos, -as]
(ein)tausend mil [mil]
einbrechen entrar a robar [en̪ˈtrar a rroˈβar]
Einbruch, der robo (con allanamiento) [ˈrroβo (kon aʝanaˈmjen̪to)]
einchecken embarcar [embarˈkar]
eineinhalb uno (-a) y medio (-a) [ˈuno, -a i̯ ˈmeðjo, -a]
einen Sitzplatz reservieren reservar (asiento) [rreserˈβar (aˈsjen̪to)]
einfach sencillo (-a) [sen̪ˈθiʝo, -a]
einfarbig liso (-a) [ˈliso, -a]
eingeschweißt envasado (-a) [embaˈsaðo, -a]
eingetragene Lebenspartnerschaft, die la unión civil [uˈnjon̪ θiˈβil]
Einkauf, der la compra [ˈkompra]
Einkaufskorb, der la cesta [ˈθesta]
Einkaufsliste, die la lista de la compra [ˈlista ðe la ˈkompra]
Einkaufswagen, der el carrito [kaˈrrito]
einladen invitar [imbiˈtar]
einmal una vez [ˈuna βeθ]
Einreise, die la entrada [en̪ˈtraða]
eins uno [ˈuno]
Eintopf, der el puchero [puˈʧero]
einundfünfzigste(r, s) el (la) cincuenta y uno (-a) [θiŋˈkwen̪ta i̯ uno, -a]
einundzwanzig veintiuno [bei̯n̪ˈtjuno]
Einwegrasierer, der la cuchilla desechable [kuˈʧiʝa deseˈʧaβle]
Einzelzimmer, das la habitación individual [aβitaˈθjon in̪diβiˈðwal]
Eis, das (*eingefr. Wasser*) el hielo [ˈɟelo]
Eis, das (*Speise*) el helado [eˈlaðo]
Eiskaffee, der el blanco y negro con nata montada [ˈblaŋko i ˈneɣro kon ˈnata mon̪ˈtaða]
Eistee, der el té helado [te eˈlaðo]
eitern supurar [supuˈrar]
elf once [ˈon̪θe]
elf Uhr las once [las ˈon̪θe]
Ellenbogen, der el codo [ˈkoðo]
Eltern, die *Pl* los padres *Pl* [ˈpaðres]
E-Mail-Adresse, die la dirección de email [direᵞˈθjon ðe iˈmei̯l]
Empfängnisverhütung, die el método anticonceptivo [ˈmetoðo an̪tikon̪θepˈtiβo]
eng estrecho (-a) [esˈtreʧo, -a]
Enkel(in), der (die) el (la) nieto (-a) [ˈnjeto, -a]
Ente, die el pato [ˈpato]
Entführung, die el secuestro [seˈkwestro]
entlassen werden recibir el alta [rreθiˈβir el ˈalta]

Entschuldigung, die la disculpa [dis'kulpa]
enttäuscht decepcionado (-a) [deθeβθjo'naðo, -a]
entweder ... oder o... o [o... o]
entzündet infectado (-a) [imfek'taðo, -a]
Entzündung, die la infección [imfeʏ'θjon]
er él [el]
Erbse, die el guisante [gi'sante]
Erdbeben, das el terremoto [terre'moto]
Erdbeere, die la fresa ['fresa]
Erde, die la tierra ['tjerra]
Erdgeschoss, das el bajo ['baxo]
Erdnussbutter, die la mantequilla de cacahuete [mante'kiʝa ðe kaka'wete]
Erkältung, die el resfriado [rresfri'aðo]
erleichtert aliviado (-a) [ali'βjaðo, -a]
Ersatzrad, das la rueda de repuesto ['rrweða ðe rre'pwesto]
erstaunt asombrado (-a) [asom'braðo, -a]
erste(r, s) el (la) primero (-a) [pri'mero, -a]
erste Nachname, der el primer apellido [pri'mer ape'ʝiðo]
ertrinken ahogarse [ao'ɣarse]
Espresso, der el café solo [ka'fe 'solo]
Essen, das la comida [ko'miða]
essen comer [ko'mer]
essen gehen ir a comer [ir a ko'mer]
Essig, der el vinagre [bi'naɣre]
Esslöffel, der la cuchara [ku'ʧara]
Esszimmer, das el comedor [kome'ðor]
etwas algo ['alɣo]
euer vuestro (-a) ['bwestro, -a]
eure vuestro (-a) ['bwestro, -a]
Euro, der el euro ['euro]
Explosion, die la explosión [esplo'sjon]
E-Zigarette, die el cigarrillo electrónico [θiɣa'rriʝo elek'troniko]

F

Fabrik, die la fábrica ['faβrika]
Faden, der el hilo ['ilo]
Fahndung, die la investigación [imbestiɣa'θjon]
Fahrbahn, die la carretera [karre'tera]
fahren conducir [kondu'θir]
Fahrkarte, die el billete [bi'ʝete]
Fahrkartenautomat, der la máquina (expendedora de billetes) ['makina (espende'ðora ðe bi'ʝetes)]
Fahrplan, der los horarios *Pl* [o'rarjos]
Fahrrad, das la bicicleta [biθi'kleta]
Fahrradhelm, der el casco ['kasko]
Fahrradweg, der el carril bici [ka'rril 'biθi]
Falafel, die el falafel [fa'lafel]
falls si [si]
Farfalle, die *Pl* los lacitos *Pl* ['laθitos]
Fastfood, das la comida rápida [ko'miða 'rrapiða]
faulig podrido (-a) [po'ðriðo, -a]
Februar, der febrero [fe'βrero]
Fehlgeburt, die el aborto espontáneo [a'βorto espon'taneo]
feiern celebrar [θele'βrar]
Feiertag, der el festivo [fes'tiβo]
Feige, die el higo ['iɣo]
Feldsalat, der los canónigos *Pl* [ka'noniɣos]
Fenchel, der el hinojo [i'noxo]
Fenster, das la ventana [ben'tana]
Ferien, die *Pl* las vacaciones *Pl* [baka'θjones]
Ferienwohnung, die el apartamento turístico [aparta'mento tu'ristiko]
Fernseher, der el televisor [teleβi'sor]
Ferse, die el talón [ta'lon]
Fertiggericht, das el Plato precocinado ['plato prekoθi'naðo]
Fest, das la fiesta ['fjesta]
festnehmen arrestar [arres'tar]
fettarm desnatado (-a) [desna'taðo, -a]
fettig aceitoso (-a) [aθei'toso, -a]
Feuchttuch, das la toallita húmeda [toa'ʝita 'umeða]
Feuer, das el fuego ['fweɣo]
Feuerwehr, die los bomberos *Pl* [bom'beros]
Feuerwehrauto, das el camión de los bomberos [ka'mjon de los bom'beros]
Feuerwehrmann (-frau), der (die) el (la) bombero (-a) [bom'bero, -a]
Feuerzeug, das el mechero [me'ʧero]
Fieber, das la fiebre ['fjeβre]
Film, der la película [pe'likula]
Finger, der el dedo ['deðo]
Fisch, der el pez [peθ]
Fischfilet, das el filete de pescado [fi'lete ðe pes'kaðo]
Fischladen, der la pescadería [peskaðe'ria]

Fischpfanne, die la fritura de pescado [fri'tura ðe pes'kaðo]
Fischstäbchen, das los palitos de pescado *Pl* [pa'litos ðe pes'kaðo]
Fischtheke, die la sección de pescado [seɣ'θjon de pes'kaðo]
Fitnesscenter, das el gimnasio [xim'nasjo]
flach (*Absatz*) bajo ['baxo]
Flamme, die las llamas ['ɟamas]
Flasche, die la botella [bo'teɟa]
(Flaschen-)Pfand, das el dinero del casco [di'nero ðel 'kasko]
Fleischtheke, die la sección de carnes [seɣ'θjon de 'karnes]
fliegen volar [bo'lar]
fliehen fugarse [fu'ɣarse]
Fliese, die la baldosa [bal̦'dosa]
Flipflops®, die *Pl* las chanclas *Pl* ['ʧaŋklas]
flirten ligar [li'ɣar]
Flugbegleiter(in), der (die) el (la) azafato (-a) [aθa'fato, -a]
Flughafen, der el aeropuerto [aero'pwerto]
Flugzeug, das el avión [a'βjon]
Flur, der el pasillo [pa'siɟo]
Fluss, der el río ['rrio]
folgen seguir [se'ɣir]
Forelle, die la trucha ['truʧa]
Fotoapparat, der la cámara (de fotos) ['kamara (ðe 'fotos)]
fotografieren hacer fotos [a'θer 'fotos]
Fotoladen, der el fotógrafo [fo'toɣrafo]
Frau, die la mujer [mu'xer]
Frau ... doña... ['doɲa]
Frauenarzt (-ärztin), der (die) el (la) ginecólogo (-a) [xine'koloɣo, -a]
Freitag, der el viernes *Inv* ['bjernes]
Fremdsprache, die el idioma extranjero [i'ðjoma estraŋ'xero]
Freund(in), der (die) el (la) novio (-a) ['noβjo, -a]
Friedhof, der el cementerio [θemen̦'terjo]
frisch fresco (-a) ['fresko, -a]
frisch gepresst recién exprimido [rre'θjen espri'miðo]
Frischhaltefolie, die el film transparente [film tra⁽ⁿ⁾spa'ren̦te]
Frischkäse, der el queso fresco ['keso 'fresko]
Fruchtblase, die la bolsa (amniótica) [bolsa (am'njotika)]
Früchtetee, der la infusión de frutas [iɱfu'sjon de 'frutas]
Fruchtwasser, das el líquido amniótico ['likiðo am'njotiko]
früh temprano [tem'prano]
früher más temprano [mas tem'prano]
Frühgeburt, die el parto prematuro ['parto prema'turo]
Frühling, der la primavera [prima'βera]
Führerschein, der el carné de conducir [kar'ne ðe kon̦du'θir]
Füller, der la Pluma ['pluma]
Füllung, die el empaste [em'paste]
fünf cinco ['θiŋko]
fünfhundert quinientos [ki'njen̦tos]
fünfte(r, s) el (la) quinto (-a) ['kin̦to, -a]
fünfzehn quince ['kin̦θe]
fünfzehn Uhr las tres de la tarde [las tres ðe la 'tarðe]
fünfzig cincuenta [θiŋ'kwen̦ta]
für para ['para]
Fusilli, die *Pl* las espirales *Pl* [espi'rales]
Fuß, der el pie [pje]
Fußball, der el fútbol ['fuðβol]
Fußgänger(in), der (die) el (la) peatón (-ona) [pea'ton, -ona]
Fußgängerzone, die la zona peatonal ['θona peato'nal]

G

Gabel, die el tenedor [tene'ðor]
Gans, die el ganso ['ganso]
Garage, die el garaje [ga'raxe, ko'ʧera]
Garnele, die la gamba ['gamba]
Garten, der el jardín [xar'ðin]
Gartenarbeit, die la jardinería [xarðine'ria]
Gartenschlauch, der la manguera [maŋ'gera]
Gast, der el/la cliente *m, f* ['kljen̦te]
Gate, das la puerta ['pwerta]
Gebärdensprache, die la lengua de signos ['leŋgwa ðe 'signos]
Gebirge, das la montaña [mon̦'taɲa]
gebraten frito (-a) ['frito, -a]
gebrochen (*Gliedmaße*) roto (-a) ['rroto, -a]
Geburt, die el parto ['parto]
Geburtsdatum, das la fecha de nacimiento ['feʧa ðe naθi'mjen̦to]
gedünstet al vapor [al βa'por]
Gefahr, die el peligro [pe'liɣro]
Gefängnis, das la cárcel ['karθel]
gefrieren helar [e'lar]
Gefriertruhe, die el congelador [koŋxela'ðor]

gefüttert con forro [koɱ 'forro]
gegen contra ['kon̪tra]
gegenüber enfrente de [eɱ'fren̪te ðe]
gegrillt a la parrilla [a la pa'rriʝa]
gegrillter Fisch, der el pescado al horno [pes'kaðo al 'orno]
gehbehindert con movilidad reducida [kom moβili'ðað rreðu'θiða]
Geheimzahl, die el número secreto ['numero se'kreto]
gehen ir [ir]
Gehirn, das el cerebro [θe'reβro]
Gehirnerschütterung, die conmoción cerebral [ko^{m}mo'θjon̪ θere'βral]
gehörlos sordo (-a) ['sorðo, -a]
Gehweg, der la acera [a'θera]
gelangweilt aburrido (-a) [aβu'rriðo, -a]
gelassen sereno (-a) [se'reno, -a]
gelb amarillo (-a) [ama'riʝo, -a]
Geld, das el dinero [di'nero]
Geld abheben sacar dinero [sa'kar ði'nero]
Geld auszahlen abonar dinero [aβo'nar ði'nero]
Geld einzahlen ingresar dinero [iŋgre'sar ði'nero]
Geldautomat, der el cajero [ka'xero]
Geldschein, der el billete [bi'ʝete]
gemustert estampado (-a) [estam'paðo, -a]
Gepäck, das el equipaje [eki'paxe]
gepunktet de lunares [de lu'nares]
geradeaus hacia adelante ['aθja aðe'lan̪te]
gereifte Käse, der el queso curado ['keso ku'raðo]
Gesäß, das el trasero [tra'sero]
Geschirr, das la vajilla [ba'xiʝa]
Geschirrtuch, das el paño (de cocina) ['paɲo (ðe ko'θina)]
Geschlecht, das el sexo ['se^{ɣ}so]
Geschlechtsorgan, das los genitales *Pl* [xeni'tales]
Geschlechtsverkehr, der el sexo ['se^{ɣ}so]
Geschnetzelte, das la carne en salsa de nata ['karne en 'salsa ðe 'nata]
geschnitten en lonchas [en 'lonʧas]
Geschwister, die *Pl* los, las hermanos (-as) *Pl* [er'manos, -as]
geschwollen hinchado (-a) [in'ʧaðo, -a]
Gesicht, das la cara ['kara]
Gespräch, das la conversación [kombersa'θjon]
gestern ayer [a'ʝer]
gestreift a rayas [a 'rraʝas]
gesund sano (-a) ['sano, -a]
geteilt entre ['en̪tre]
Getränk, das la bebida [be'βiða]
Gewitter, das la tormenta [tor'men̪ta]
Gewürze, die las especias *Pl* [es'peθjas]
gezerrt con un tirón [kon un ti'ron]
gießen regar [rre'ɣar]
giftig venenosa [bene'nosa]
Gin, der la ginebra [xi'neβra]
Gips, der la escayola [eska'ʝola]
Glas, das el vaso ['baso]
Glatze, die la calva ['kalβa]
Gleis, das el andén [an̪'den]
Gletscher, der el glaciar [gla'θjar]
Globuli, die *Pl* los glóbulos homeopáticos *Pl* ['gloβulos omeo'patikos]
Glühbirne, die la bombilla [bom'biʝa]
glutenfrei sin gluten [siŋ 'gluten]
Gnocchi, die *Pl* los ñoquis *Pl* ['ɲokis]
goldfarben dorado (-a) [do'raðo, -a]
googeln guglear [guɣle'ar]
Grad, der el grado ['graðo]
Gramm, das el gramo ['gramo]
Grapefruit, die el pomelo [po'melo]
grau gris [gris]
grauhaarig con el pelo gris [kon el 'pelo gris]
groß alto (-a) (*hoch*) ['al̪to, -a]
groß grande (*Mensch*) ['gran̪de]
Größe, die la estatura [esta'tura]
Großeltern, die *Pl* los abuelos *Pl* [a'βwelos]
Großmutter, die la abuela [a'βwela]
Großvater, der el abuelo [a'βwelo]
grün verde ['berðe]
grüne Bohne, die la judía verde [xu'ðia 'βerðe]
Grünertee, der el té verde [te 'βerðe]
Gulasch, der/das el estofado de carne [esto'faðo ðe 'karne]
Gummibärchen, das el osito de gominola [o'sito ðe ɣomi'nola]
Gummistiefel, der la bota de agua ['bota ðe 'aɣwa]
Gurke, die el pepino [pe'pino]
Gürtel, der el cinturón [θin̪tu'ron]
gut bueno (-a) ['bweno, -a]
Guthaben, das el saldo ['sal̪do]

H

Haar, das el pelo ['pelo]
Haargel, das la gomina [go'mina]
Haargummi, der/das la goma (del pelo) ['goma (ðel 'pelo)]
Haarspange, die el pasador (para el pelo) [pasa'ðor ('para el 'pelo)]
Haarspray, der/das la laca ['laka]
Haferflocken, die *Pl* los copos de avena *Pl* ['kopos ðe a'βena]
Hähnchen, das el pollo ['poʝo]
halbe Stunde, die la media hora ['meðja 'ora]
Halbpension, die la media pensión ['meðja pen'sjon]
Hals, der el cuello ['kweʝo]
Hals-Nasen-Ohrenarzt (-ärztin), der (die) el (la) otorrinolaringólogo (-a) [otorrinolariŋ'goloɣo, -a]
Halsschmerzen, die *Pl* el dolor de garganta [do'lor ðe gar'ɣanta]
Haltestelle, die la parada [pa'raða]
Halteverbot, das el estacionamiento prohibido [estaθjona'mjento proi'βiðo]
Hamburger, der la hamburguesa [ambur'ɣesa]
Hammer, der el martillo [mar'tiʝo]
hämmern dar martillazos [dar marti'ʝaθos]
Hand, die la mano ['mano]
Handfeger, der el cepillo [θe'piʝo]
Handgelenk, das la muñeca [mu'ɲeka]
Handschuh, der el guante ['gwante]
Handtasche, die el bolso de mano ['bolso ðe 'mano]
Handtuch, das la toalla [to'aʝa]
Handy, das el móvil ['moβil]
Handynummer, die el número de móvil ['numero ðe 'moβil]
hart duro (-a) ['duro, -a]
hart gekochte Ei, das el huevo duro ['weβo 'ðuro]
hässlich feo (-a) ['feo, -a]
Hauptspeise, die el Plato principal ['plato prinθi'pal]
Haus, das la casa ['kasa]
Hausarzt (-ärztin), der (die) el (la) médico (-a) de familia ['meðiko, -a ðe fa'milja]
Haut, die la piel [pjel]
Hautarzt (-ärztin), der (die) el (la) dermatólogo (-a) [derma'toloɣo, -a]
Hebamme, die la matrona [ma'trona]
Hechtdorsch, der la merluza [mer'luθa]
Hecke, die el seto ['seto]
Hefe, die la levadura [leβa'ðura]
Heidelbeere, die el arándano [a'randano]
Heilbutt, der el rodaballo [rroða'βaʝo]
heiser afónico (-a) [a'foniko, -a]
heiß caluroso (-a) (*Wetter*); caliente (-a) (*Speise*) [kalu'roso, -a], [ka'ljente]
heiße Schokolade, die el chocolate caliente [ʧoko'late ka'ljente]
Heizung, die el radiador [rraðja'ðor]
Hektar, der/das la hectárea [ek'tarea]
helfen ayudar [aʝu'ðar]
hell claro (-a) ['klaro, -a]
helle Brot, das el pan blanco [pam 'blaŋko]
Hemd, das la camisa [ka'misa]
Herbst, der el otoño [o'toɲo]
Herd, der el hornillo [or'niʝo]
Herr ... don... (+ nombre) [don]
Herz, das el corazón [kora'θon]
Herzdruckmassage, die el masaje cardiaco [ma'saxe kar'ðjako]
Herzinfarkt, der el infarto [iɱ'farto]
Herzrasen, das la taquicardia [taki'karðja]
Herzschrittmacher, der el marcapasos *Inv* [marka'pasos]
Heuschnupfen, der la alergia al polen [a'lerxja al 'polen]
Himmel, der el cielo ['θjelo]
hinter detrás de [de'tras ðe]
hoch (*Absatz*) alto ['alto]
Hochhaus, das el edificio alto [eði'fiθjo 'alto]
Hochstuhl, der la trona ['trona]
Hoden, der el testículo [tes'tikulo]
hohe/niedrige Blutdruck, der la tensión alta/baja [ten'sjon 'alta/ten'sjom 'baxa]
Honig, der la miel [mjel]
Hörgerät, das el audífono [au̯'ðifono]
hörgeschädigt deficiente auditivo (-a) [defi'θjente au̯ði'tiβo, -a]
Hose, die el pantalón [panta'lon]
Hotel, das el hotel [o'tel]
hübsch guapo (-a) ['gwapo, -a]
Hüfte, die la cadera [ka'ðera]
Hülsenfrüchte, die *Pl* las legumbres *Pl* [le'ɣumbres]

Hummer, der la langosta [laŋˈgosta]
hundert cien [θjen]
hunderttausend cien mil [θjen mil]
Hunger, der el hambre [ˈambre]
Husten, der la tos [tos]
husten toser [toˈser]
Hut, der el sombrero [somˈbrero]

I

ich yo [ɟo]
ihr vosotros (-as) *Pl* [boˈsotros, -as]
Ihr (e) su [su]
ihr (e) (*3. Ps, Pl*) su [su]
impfen vacunar [bakuˈnar]
indem al [al]
Infekt, der la infección [iɱfeɣˈθjon]
Infusion, die la terapia intravenosa [teˈrapja in̪traβeˈnosa]
Innenstadt, die el centro [ˈθen̪tro]
Insekt, das el insecto [inˈsekto]
Insel, die la isla [ˈisla]
Instrument, das el instrumento [iⁿstruˈmen̪to]
Intensivstation, die la UCI [ˈuθi]
irgendetwas cualquier cosa [kwalˈkjer ˈkosa]
irgendjemand cualquiera [kwalˈkjera]

J

Jacke, die la chaqueta [ʧaˈketa]
Januar, der enero [eˈnero]
je ... desto cuanto... tanto [ˈkwan̪to… ˈtan̪to]
Jeans, die *meist Pl* los vaqueros *Pl* [baˈkeros]
jede(r, s) cada [ˈkaða]
jemand alguien [ˈalɣjen]
jetzt ahora [aˈora]
joggen hacer footing [aˈθer ˈfutiŋ]
Jogginghose, die el pantalón de chándal [pan̪taˈlon de ˈʧan̪dal]
Joghurt, der/das el yogur [ˈɟoɣur]
Johannisbeere, die la grosella [groˈseʝa]
jucken picar [piˈkar]
Jugendliche, der/die el (la) muchacho (-a) [muˈʧaʧo, -a]
Juli, der julio [ˈxuljo]
jung joven [ˈxoβen]
Junge, der el chico [ˈʧiko]
Juni, der junio [ˈxunjo]
Juwelier, der la joyería [xoɟeˈria]

K

Kabel, das el cable [ˈkaβle]
Kabeljau, der el bacalao [bakaˈlao]
Kabine, die la cabina [kaˈβina]
Kaffee, der el café [kaˈfe]
Kaffeemaschine, die la cafetera [kafeˈtera]
Kaiserschnitt, der la cesárea [θeˈsarea]
Kaktusfeige, die el chumbo [ˈʧumbo]
Kalbfleisch, das la ternera [terˈnera]
Kalender, der el calendario [kalen̪ˈdarjo]
kalt frío (-a) [ˈfrio, -a]
Kamm, der el peine [ˈpei̯ne]
Kaninchen, das el conejo [koˈnexo]
Kapuze, die la capucha [kaˈpuʧa]
kariert de cuadros [de ˈkwaðros]
Karies, die la caries [ˈkarjes]
Karotte, die la zanahoria [θanaˈorja]
Karpfen, der la carpa [ˈkarpa]
Kartoffel, die la patata [paˈtata]
Kartoffelomelett, das la tortilla de patatas [torˈtiʝa ðe paˈtatas]
Kartoffelpüree, das el puré de patatas [puˈre ðe paˈtatas]
Kartoffelsalat, der la ensaladilla rusa [ensalaˈðiʝa ˈrrusa]
Käse, der el queso [ˈkeso]
Käsetheke, die la sección de quesos [seɣˈθjon de ˈkesos]
Kasse, die la caja [ˈkaxa]
Kassenbon, der el tique [ˈtike]
Kassierer(in), der (die) el (la) cajero (-a) [kaˈxero, -a]
Kasten Bier, der la caja de cerveza [ˈkaxa ðe θerˈβeθa]
kauen masticar [mastiˈkar]
kaufen comprar [komˈprar]
Kaufhaus, das el centro comercial [centro komerˈθjal]
Kaugummi, der/das el chicle [ˈʧikle]
kehren barrer [baˈrrer]
Kehrschaufel, die el recogedor [rrekoxeˈðor]
keine(r, s) ningún (-una) [niŋˈgun(a)]
Keks, der la galleta [gaˈɟeta]
Keller, der el sótano [ˈsotano]
Kellner(in) der (die) el (la) camarero (-a) [kamaˈrero, -a]
kentern naufragar [nau̯fraˈɣar]
Ketchup, der/das el kétchup [ˈkeᵗʧup]
Kette, die la cadena [kaˈðena]
Kichererbse, die el garbanzo [garˈβan̪θo]

Kidneybohne, die la judía roja [xu'ðia 'rroxa]
Kiefer, der la mandíbula [man̪'diβula]
Kilo, das el kilo ['kilo]
Kilogramm, das el kilo ['kilo]
Kilometer, der el kilómetro [ki'lometro]
Kind, das el (la) niño (-a) ['niɲo, -a]
Kinderarzt (-ärztin), der (die) el/la pediatra *m, f* [pe'ðjatra]
Kinderbett, das la cama infantil ['kama iɱfan̪'til]
Kinderzimmer, das el cuarto de los niños ['kwarto ðe los 'niɲos]
Kinn, das la barbilla [bar'βiʝa]
Kino, das el cine ['θine]
Kiosk, der el kiosco ['kjosko]
Kirche, die la iglesia [i'ɣlesja]
Kirsche, die la cereza [θe'reθa]
Kissen, das la almohada [al'moaða]
Kiwi, die el kiwi ['kiwj]
kleben pegar [pe'ɣar]
Klebstoff, der el pegamento [peɣa'men̪to]
kleckern manchar [man'ʧar]
Kleid, das el vestido [bes'tiðo]
Kleidergröße, die la talla ['taʝa]
klein pequeño (-a) [pe'keɲo, -a]
kleine Finger, der el meñique [me'ɲike]
Kleingeld, das la calderilla [kal̪de'riʝa]
Klingel, die el timbre ['timbre]
klingeln tocar (al timbre) [to'kar (al 'timbre)]
Klobürste, die la escobilla [esko'βiʝa]
Kloß, der la albóndiga [al'βon̪diɣa]
Knabbergebäck, das los aperitivos salados *Pl* [aperi'tiβos sa'laðos]
Kneipe, die el bar [bar]
Knie, das la rodilla [rro'ðiʝa]
Knoblauch, der el ajo ['axo]
Knöchel, der el tobillo [to'βiʝo]
Knochen, der el hueso ['weso]
Knochenbruch, der la rotura ósea [rro'tura 'osea]
Knopf, der el botón [bo'ton]
Kochbuch, das el libro de recetas ['liβro ðe rre'θetas]
kochen cocinar (*zubereiten*); cocer (*sieden*) [koθi'nar], [ko'θer]
Kochlöffel, der la cuchara de palo [ku'ʧara ðe 'palo]
koffeinfrei descafeinado (-a) [deskafei̯'naðo, -a]
Koffer, der la maleta [ma'leta]
Kohl, der la col [kol]
Kohlrabi, der el colinabo [koli'naβo]
Kombizange, die los alicates *Pl* [ali'kates]
kommentieren comentar [komen̪'tar]
Kompliment, das el cumplido [kum'pliðo]
Kondom, das el condón [kon̪'don]
Kontinent, der el continente [kon̪ti'nen̪te]
Konto, das la cuenta ['kwen̪ta]
Kontoauszug, der el extracto bancario [es'trakto βaŋ'karjo]
Kontonummer, die el número de cuenta ['numero ðe 'kwen̪ta]
Kontostand, der el saldo ['sal̪do]
Konzert, das el concierto [kon̪'θjerto]
Kopf, der la cabeza [ka'βeθa]
Kopfhörer, der los auriculares *Pl* [au̯riku'lares]
Kopfschmerzen, die *Pl* el dolor de cabeza [do'lor ðe ka'βeθa]
kopieren copiar [ko'pjar]
Korken, der el corcho ['korʧo]
kosten probar, costar [pro'βar], [kos'tar]
köstlich delicioso (-a), rico (-a) ['rriko, -a]
Kostüm, das el disfraz [dis'fraθ]
Kotelett, das la chuleta [ʧu'leta]
Kragen, der el cuello ['kweʝo]
Krampf, der el calambre [ka'lambre]
krank enfermo (-a) [eɱ'fermo, -a]
Krankenkasse, die el seguro [se'ɣuro]
Krankenschwester, die la enfermera [eɱfer'mera]
Krankenwagen, der la ambulancia [ambu'lan̪θja]
kratzig áspero (-a) ['aspero, -a]
Kräutertee, der la infusión de hierbas [iɱfu'sjon de 'ʝerβas]
Krawatte, die la corbata [kor'βata]
Krebs, der el cangrejo [kaŋ'grexo]
Kredit, der el crédito ['kreðito]
Kreditkarte, die la tarjeta de crédito [tar'xeta ðe 'kreðito]
Kreislauf, der la circulación [θirkula'θjon]
Kreislaufbeschwerden, die *Pl* los problemas circulatorios *Pl* [pro'βlemas θirkula'torjos]
Kreißsaal, der la sala de partos ['sala ðe 'partos]
Kreisverkehr, der la rotonda [rro'ton̪da]
Kreuzfahrt, die el crucero [kru'θero]
Kreuzung, die el cruce ['kruθe]
Krokette, die la croqueta [kro'keta]
Krücke, die la muleta [mu'leta]
Kubikmeter, der/das el metro cúbico ['metro 'kuβiko]

Küche, die la cocina [ko'θina]
Kuchen, der el pastel [pas'tel]
Kugelschreiber, der el bolígrafo [bo'liɣrafo]
Kühlregal, das la cámara frigorífica ['kamara friɣo'rifika]
Kühlschrank, der el frigorífico [friɣo'rifiko]
Kunde(Kundin) der (die) el/la cliente *m, f* ['kljente]
Kundenkarte, die la tarjeta de cliente [tar'xeta ðe 'kljente]
Kundentoilette, die los servicios *Pl* [ser'βiθjos]
Kunstfaser, die la fibra sintética ['fiβra sin'tetika]
Kürbis, der la calabaza [kala'βaθa]
Kurve, die la curva ['kurβa]
kurzhaarig con el pelo corto [kon el 'pelo 'korto]
Kuscheltier, das el peluche [pe'lutʃe]
Küstenwache, die la guardia costera ['gwarðja kos'tera]

L

Lachs, der el salmón [sal'mon]
Ladegerät, das el cargador [karɣa'ðor]
Laib, der la hogaza [o'ɣaθa]
Laken, das la sábana ['saβana]
Lakritze, die el regaliz [rreɣa'liθ]
laktosefrei sin lactosa [sin lak'tosa]
Lammfleisch, das el cordero [kor'ðero]
Lampe, die la lámpara ['lampara]
Land, das el país [pa'is]
landen aterrizar [aterri'θar]
Landkarte, die el mapa ['mapa]
Landschaft, die el paisaje [pai'saxe]
Landstraße, die la carretera nacional [karre'tera naθjo'nal]
langhaarig con el pelo largo [kon el 'pelo 'larɣo]
langsam despacio [des'paθjo]
Laptop, der/das el portátil [por'tatil]
Lasagne, die la lasaña [la'saɲa]
Lastwagen, der el camión [ka'mjon]
Latte macchiato, der/die la leche manchada ['letʃe man'tʃaða]
Lätzchen, das el babero [ba'βero]
Lauch, der el puerro ['pwerro]
laufen andar [an'dar]
Laufstall, der el parque ['parke]
laut(er) (más) fuerte [(mas) 'fwerte]
Lautsprecher, der el altavoz [alta'βoθ]
Lawine, die el alud [a'luᵈ]
Leber, die el hígado ['iɣaðo]
Leberwurst, die el fuagrás [fwa'ɣras]
lecker exquisito (-a) [eski'sito, -a]
Leder, das la piel [pjel]
Leggings, die *Pl* las mallas *Pl* ['maʝas]
Lehre, die la formación [forma'θjon]
leidtun sentir [sen'tir]
Leinen, das el lino ['lino]
Leiter, die la escalera [eska'lera]
Leitung, die el cable ['kaβle]
Leitungswasser, das el agua del grifo ['aɣwa ðel 'grifo]
lesen leer [le'er]
letzte(r, s) el (la) último (-a) ['ultimo, -a]
Lidschatten, der la sombra de ojos ['sombra ðe 'oxos]
Liegestuhl, der la tumbona [tum'bona]
Likör, der el licor [li'kor]
lila lila ['lila]
Limette, die la lima ['lima]
Limonade, die la gaseosa [gase'osa]
Lineal, das la regla [regla]
links a la izquierda [a la iθ'kjerða]
Linse, die la lenteja [len'texa]
Lippe, die el labio ['laβjo]
Lippenpflegestift, der el cacao (de labios) [ka'kao (ðe 'laβjos)]
Lippenstift, der el pintalabios *Inv* [pinta'laβjos]
Liter, der/das el litro ['litro]
Locke, die el rizo ['rriθo]
Lunge, die el pulmón [pul'mon]
Lutscher, der la piruleta [piru'leta]

M

Mädchen, das la chica ['tʃika]
Magen, der el estómago [es'tomaɣo]
Mai, der mayo ['maʝo]
Mais, der el maíz [ma'iθ]
Make-up, das el maquillaje [maki'ʝaxe]
Makrele, die la caballa [ka'βaʝa]
mal por [por]
malen dibujar [diβu'xar]
man se/uno (-a) [se/uno, -a]
manche/einige algunos (-as) *Pl* [al'ɣunos, -as]
manchmal a veces [a 'βeθes]
Mandarine, die la mandarina [manda'rina]
Mandel, die la almendra [al'mendra]
Mango, die el mango ['mango]
Mangold, der la acelga [a'θelɣa]
Mann, der el hombre ['ombre]
männlich masculino [masku'lino]

Mantel, der el abrigo [a'βriɣo]
Margarine, die la margarina [marɣa'rina]
Markstand, der el puesto ['pwesto]
Markt, der el mercado [mer'kaðo]
Marktverkäufer(in), der (die) el (la) vendedor (a) [bende'ðor(a)]
Marmelade, die la mermelada [merme'laða]
Martinshorn, das la sirena [si'rena]
März, der marzo ['marθo]
Maulbeere, die la mora ['mora]
Mayonnaise, die la mayonesa [maʝo'nesa]
Medikament, das el medicamento [meðika'mento]
Meer, das el mar [mar]
Mehl, das la harina [a'rina]
mehrfach múltiple ['multiple]
mehrmals varias veces ['barjas 'βeθes]
Meile, die la milla ['miʝa]
mein(e) mi [mi]
meinen opinar [opi'nar]
Melone, die el melón [me'lon]
Mensch, der la persona [per'sona]
Menstruation, die la menstruación [me^n^strwa'θjon]
Messer, das el cuchillo [ku'ʧiʝo]
Meter, der/das el metro ['metro]
Metzgerei, die la carnicería [karniθe'ria]
Miesmuschel, die el mejillón [mexi'ʝon]
Migräne, die la migraña [mi'ɣraɲa]
Mikrowelle, die el microondas [mikro'ondas]
Milch, die la leche ['leʧe]
Milchkaffee, der el café con leche [ka'fe kon 'leʧe]
Milchschaum, der la espuma (de leche) [es'puma (ðe 'leʧe)]
Milliliter, der/das el mililitro [mili'litro]
Millimeter, der/das el milímetro [mi'limetro]
Milz, die el bazo ['baθo]
Mineralwasser, das el agua mineral ['aɣwa mine'ral]
minus menos ['menos]
Minute, die el minuto [mi'nuto]
Mispel, die el níspero ['nispero]
mit con [kon]
miteinander reden hablar [a'βlar]
Mittag, der el mediodía [meðjo'dia]
mittags al mediodía/los mediodías [al meðjo'dia/los meðjo'dias]
Mitte, die el centro ['θentro]
Mittelfinger, der el corazón [kora'θon]
Mitternacht, die la medianoche [meðja'noʧe]
Mittwoch, der el miércoles *Inv* ['mjerkoles]
Mixer, der la batidora [bati'ðora]
mögen gustarle [a uno] [gus'tarle (a 'uno)]
Mond, der la luna ['luna]
Montag, der el lunes *Inv* ['lunes]
Mord, der el asesinato [asesi'nato]
Morgen, der la mañana temprano [ma'ɲana tem'prano]
morgen mañana [ma'ɲana]
morgens por la(s) mañana(s) temprano [por la(s) ma'ɲana(s) tem'prano]
Most, der el mosto ['mosto]
Motorrad, das la moto ['moto]
Motorschaden, der la avería del motor [aβe'ria ðel mo'tor]
Mousse, das el mus [mus]
MP3-Player, der el (reproductor de) MP3 [(rreproðuk'tor ðe) emepe'tres]
müde cansado (-a) [kan'saðo, -a]
Muffin, der la madalena [maða'lena]
Müllbeutel, der la bolsa de basura ['bolsa ðe βa'sura]
Mülleimer, der el cubo de basura ['kuβo ðe βa'sura]
Mund, der la boca ['boka]
Mund-zu-Mund-Beatmung, die el boca a boca ['boka a 'βoka]
Münze, die la moneda [mo'neða]
Museum, das el museo [mu'seo]
Musical, das el musical [musi'kal]
Musik, die la música ['musika]
Muskel, der el músculo ['muskulo]
Müsli, das el muesli ['mwesli]
Mutter, die la madre (*Person*); la tuerca (*Schraube*) ['maðre], ['twerka]
Mütze, die el gorro ['gorro]

N

nach (*örtl.*) detrás de [de'tras ðe]
nach (*zeitl.*) después de [des'pwes ðe]
Nachbar(in), der (die) el (la) vecino (-a) [be'θino, -a]
nachdem después de (que) [des'pwes ðe (ke)]
Nachmittag, der la sobremesa/hora de la siesta [soβre'mesa/'ora ðe la 'sjesta]

nachmittags en la(s) sobremesa(s)/a la hora de la siesta [en la(s) soβre'mesa(s)/a la 'ora ðe la 'sjesta]
Nacht, die la noche ['notʃe]
Nachtisch, der el postre ['postre]
nachts por la(s) noche(s) [por la(s) 'notʃe(s)]
Nachttisch, der la mesita de noche [me'sita ðe'notʃe]
Nacken, der la nuca ['nuka]
Nadel, die la aguja [a'ɣuxa]
Nagel, der el clavo (*Metallstift*), la uña (*am Finger*) ['klaβo], ['uɲa]
Nagelfeile, die la lima (para las uñas) ['lima ('para las 'uɲas)]
Nagellack, der el esmalte (de uñas) [es'malte (ðe 'uɲas)]
Nagellackentferner, der el quitaesmalte [kitaes'malte]
Nagelschere, die las tijeras de uñas *Pl* [ti'xeras ðe 'wɲas]
nah cerca ['θerka]
nähen coser [ko'ser]
Nahrungsmittelintoleranz, die la intolerancia alimentaria [intole'ranθja alimen'tarja]
Narbe, die la cicatriz [θika'triθ]
Narkose, die la anestesia [anes'tesja]
Nase, die la nariz [na'riθ]
Nasenbluten, das la hemorragia nasal [emo'rraxia na'sal]
Nationalität, die la nacionalidad [naθjonali'ðað]
Naturfaser, die la fibra natural ['fiβra natu'ral]
Nebel, der la niebla ['njeβla]
nebelig brumoso (-a) [bru'moso, -a]
neben al lado de [al 'laðo ðe]
Nebenwirkung, die los efectos secundarios *Pl* [e'fektos sekun'darjos]
Neffe, der el sobrino [so'βrino]
Nektarine, die la nectarina [nekta'rina]
nervös nervioso (-a) [ner'βjoso, -a]
neun nueve ['nweβe]
neunte(r, s) el (la) noveno (-a) [no'βeno, -a]
neunzehn diecinueve [djeθi'nweβe]
neunzig noventa [no'βenta]
Nichte, die la sobrina [so'βrina]
niemals nunca ['nuŋka]
niemand nadie ['naðje]
Niere, die el riñón [rri'ɲon]
niesen estornudar [estornu'ðar]
Norden, der el norte ['norte]
nördlich al norte [al 'norte]
Notarzt (-ärztin), der (die) el (la) médico (-a) de urgencias ['meðiko, -a ðe ur'xenθjas]
Notaufnahme, die la unidad de urgencias [uni'ðað de ur'xenθjas]
Notausgang, der la salida de emergencia [sa'liða ðe emer'xenθja]
Notizbuch, das el bloc de notas ['blok de 'notas]
Notruf, der la llamada de socorro [ʝa'maða ðe so'korro]
Notrufnummer, die el teléfono de urgencias [te'lefono ðe ur'xenθjas]
November, der noviembre [no'βjembre]
Nudeln, die *Pl* la pasta ['pasta]
Nuss, die la nuez [nweθ]
Nussnougatcreme, die la crema de cacao y avellanas ['krema ðe ka'kao i aβe'ʝanas]
Nylon®, das el nailon ['nailon]

O

ob si [si]
oben encima [en'θima]
oberhalb por encima de [por en'θima ðe]
Oberkörper, der el tronco ['troŋko]
Oberschenkel, der el muslo ['muslo]
Objektiv, das el objetivo [oβxe'tiβo]
Obst- und Gemüsehändler, der la frutería [frute'ria]
Obstsalat, der la macedonia [maθe'ðonja]
obwohl aunque ['auŋke]
oder o/u [o/u]
Öffnungszeiten, die *Pl* el horario [o'rarjo]
ohne sin [sin]
Ohr, das la oreja [o'rexa]
Ohrenschmerzen, die *Pl* el dolor de oídos [do'lor ðe o'iðos]
Ohrring, der el pendiente [pen'djente]
Oktober, der octubre [ok'tuβre]
Öl, das el aceite [a'θeite]
Olive, die la aceituna [aθei'tuna]
Omelett, das la tortilla [tor'tiʝa]
Onkel, der el tío ['tio]
Onlinebanking, das la banca online ['baŋka on'lain]
Oper, die la ópera ['opera]
Operation, die la operación [opera'θjon]
Operationssaal, der la sala de operaciones ['sala ðe opera'θjones]

operieren operar [ope'rar]
Orange, die la naranja [na'raŋxa]
orange naranja [na'raŋxa]
Orangensaft, der el zumo de naranja ['θumo ðe na'raŋxa]
Organ, das el órgano ['orɣano]
Osten, der el este ['este]
östlich al este [al 'este]
Outdoorjacke, die la parka ['parka]
oval ovalado (-a) [oβa'laðo, -a]

P

Paar, das la pareja [pa'rexa]
Paella, die la paella [pa'eʝa]
paniert empanado (-a) [empa'naðo, -a]
Panne, die la avería [aβe'ria]
Pannendienst, der el servicio de asistencia en carretera [ser'βiθjo ðe asis'ten̪θja eŋ karre'tera]
Papiertaschentuch, das el pañuelo (de papel) [pa'ɲwelo (ðe pa'pel)]
Paprika, die el pimiento [pi'mjen̪to]
parken aparcar [apar'kar]
Parkett, das el parqué [par'ke]
Parkhaus, das el parking ['parkiŋ]
Parkplatz, der el aparcamiento [aparka'mjen̪to]
Partner(in), der (die) la pareja [pa'rexa]
Party, die la fiesta ['fjesta]
Password, das la contraseña [kon̪tra'seɲa]
Patchworkfamilie, die la familia ensamblada [fa'milja ensam'blaða]
Patient(in), der (die) el/la paciente *m, f* [pa'θjen̪te]
Penis, der el pene ['pene]
Penne, die *Pl* los macarrones *Pl* [maka'rrones]
Pension, die la pensión [pen'sjon]
Perle, die la perla ['perla]
Petersilie, die el perejil [pere'xil]
Pfanne, die la sartén [sar'ten]
Pfeffer, der la pimienta [pi'mjen̪ta]
Pfeife, die la pipa ['pipa]
Pferdeschwanz, der la coleta [ko'leta]
Pfirsich, der el melocotón [meloko'ton]
Pflanze, die la Planta ['plan̪ta]
Pflaster, das la tirita [ti'rita]
Pflaume, die la ciruela [θi'rwela]
Pfleger, der el enfermero [eɱfer'mero]
Pfund, das el medio kilo ['meðjo 'kilo]
Piercing, das el piercing ['pirsin]
Pille danach, die la pastilla del día después [pas'tiʝa ðel 'dia ðes'pwes]
Pilot(in), der (die) el/la piloto *m, f* [pi'loto]
Pils, das la pilsen ['pilsen]
Pilz, der la seta ['seta]
Pint, das el medio litro ['meðjo 'litro]
Pizza, die la pizza ['pitsa]
Planet, der el Planeta [pla'neta]
Platz, der la Plaza ['plaθa]
plus más [mas]
Polizei, die la policía [poli'θia]
Polizeiauto, das el coche de policía ['koʧe ðe poli'θia]
Polizist(in), der (die) el/la agente de policía [a'xen̪te ðe poli'θia]
Polyester, das el poliéster [po'ljester]
Pommes frites, die *Pl* las patatas fritas [pa'tatas 'fritas]
Popcorn, das las palomitas *Pl* [palo'mitas]
Postkarte, die la postal [pos'tal]
Praline, die el bombón [bom'bon]
Preis, der el precio ['preθjo]
Preiselbeere, die el arándano rojo [a'ran̪dano 'rroxo]
preiswert a buen precio [a βwem 'preθjo]
Prellung, die la contusión [kon̪tu'sjon]
Prepaid-Karte, die la tarjeta prepago [tar'xeta pre'paɣo]
pressen empujar [empu'xar]
Prothese, die la prótesis ['protesis]
Provider, der la compañía [kompa'ɲia]
Pudding, der el pudin ['puðin]
Pullover, der el jersey [xer'sei̯]
Puls, der el pulso ['pulso]
Pute, die el pavo ['paβo]
Putenfleisch, das el pavo ['paβo]
putzen limpiar [lim'pjar]
Putzmittel, das el producto de limpieza [pro'ðukto ðe lim'pjeθa]

Q

quadratisch cuadrado (-a) [kwa'ðraðo, -a]
Quadratmeter, der/das el metro cuadrado ['metro kwa'ðraðo]
Quark, der el yogur espeso ['ɟoɣur es'peso]
Quittung, die el recibo [rre'θiβo]

R

Rad fahren montar en bici [moṇ'tar em 'biθi]
Radiergummi, der/das la goma (de borrar) ['goma (ðe βo'rrar)]
Radieschen, das el rabanito [rraβa'nito]
Radio, das la radio ['rraðjo]
Rasen, der el césped ['θespeᵟ]
Rasen mähen cortar el césped [kor'tar el 'θespeᵟ]
Rasenmäher, der el cortacésped [korta'θespeᵟ]
Rasierapparat, der la maquinilla de afeitar [maki'niɟa ðe afei̯'tar]
Rasierklinge, die la hoja de afeitar ['oxa ðe afei̯'tar]
Rasierpinsel, der la brocha (de afeitar) ['broʧa (ðe afei̯'tar)]
Rasierschaum, der la espuma de afeitar [es'puma ðe afei̯'tar]
Raststätte, die el área de servicio ['area ðe ser'βiθjo]
Rathaus, das el ayuntamiento [aɟuṇta'mjeṇto]
Rätselheft, das los pasatiempos *Pl* [pasa'tjempos]
Raub, der el asalto [a'sal̪to]
Rauch, der el humo ['umo]
rauchen fumar [fu'mar]
Rauchmelder, der el detector de humo [detek'tor ðe 'wmo]
Rauchvergiftung, die la intoxicación (por humo) [iṇtoᵞsika'θjon (por 'umo)]
Rechnung, die la cuenta ['kweṇta]
rechts a la derecha [a la ðe'reʧa]
reduziert rebajado (-a) [rreβa'xaðo, -a]
Reformhaus, das la tienda de productos dietéticos y biológicos ['tjeṇda ðe pro'ðuktos ðje'tetikos i βjo'loxikos]
Regal, das la estantería [estaṇte'ria]
Regen, der la lluvia ['ɟuβja]
Regenmantel, der el impermeable [imperme'aβle]
Regenschirm, der el paraguas [pa'raɣwas]
regional de la región [de la rre'xjon]
regnen llover [ɟo'βer]
reif maduro (-a) [ma'ðuro, -a]
Reis, der el arroz [a'rroθ]
Reiseführer, der la guía (de viaje) ['gia (ðe 'bjaxe)]
reisen viajar [bja'xar]
Reisepass, der el pasaporte [pasa'porte]
Reisetasche, die la bolsa de viaje ['bolsa ðe 'βjaxe]
Reißverschluss, der la cremallera [krema'ɟera]
Reißzwecke, die la chincheta [ʧin'ʧeta]
reiten montar a caballo [moṇ'tar a ka'βaɟo]
Rentner(in), der (die) el (la) jubilado (-a) [xuβi'laðo, -a]
Reptil, das el reptil [rrep'til]
reservieren reservar [rreser'βar]
Restaurant, das el restaurante [rrestau̯'raṇte]
retten salvar [sal'βar]
Rettungssanitäter(in), der (die) el (la) auxiliar sanitario (-a) de salvamento [au̯ᵞsi'ljar sani'tarjo, -a ðe salβa'meṇto]
Rettungsschwimmer(in), der (die) el (la) socorrista *m, f* [soko'rrista]
Rezept, das la receta [rre'θeta]
rezeptpflichtig con receta [kon rre'θeta]
Rhabarber, der el ruibarbo [rrwi'βarβo]
Rigatoni, die *Pl* los tortiglionis *Pl* [torti'ɣljonis]
Rindfleisch, das la carne de vacuno ['karne ðe βa'kuno]
Ring, der el anillo [a'niɟo]
Ringfinger, der el anular [anu'lar]
Rippe, die la costilla [kos'tiɟa]
Rock, der la falda ['fal̪da]
Rollator, der el andador [aṇda'ðor]
Rollkragen, der el cuello vuelto ['kweɟo 'βwelto]
Rollladen, der la persiana [per'sjana]
Rollstuhl, der la silla de ruedas ['siɟa ðe 'rrweðas]
Rollstuhlfahrer(in), der (die) la persona en silla de ruedas [per'sona en 'siɟa ðe 'rrweðas]
Rolltreppe, die la escalera mecánica [eska'lera me'kanika]
röntgen hacer una radiografía de [a'θer 'una rraðjoɣra'fia ðe]
rosa rosa ['rrosa]
Rosenkohl, der la col de Bruselas [kol de βru'selas]
Roséwein, der el vino rosado ['bino rro'saðo]
Rosine, die la pasa ['pasa]
rot rojo (-a) ['rroxo, -a]
rothaarig pelirrojo (-a) [peli'rroxo, -a]

Rotwein, der el (vino) tinto [('bino) 'tinto]
Rouge, das el colorete [kolo'rete]
Rücken, der la espalda [es'palda]
Rucksack, der la mochila [mo'ʧila]
Rucola, der la rúcula ['rrukula]
Rührei, das los huevos revueltos *Pl* ['weβos rre'βweltos]
Ruine, die las ruinas *Pl* ['rrwinas]
Rum, der el ron [rron]
rund redondo (-a) [rre'ðondo, -a]

S

Saft, der el zumo ['θumo]
Säge, die la sierra ['sjerra]
sagen decir [de'θir]
sägen serrar [se'rrar]
Sahne, die la nata ['nata]
saisonal de temporada [de tempo'raða]
Salami, die el salchichón [salʧi'ʧon]
Salat, der la lechuga [le'ʧuɣa]
Salbe, die la pomada [po'maða]
Salmonellen, die *Pl* la salmonela [salmo'nela]
Salz, das la sal [sal]
salzig salado (-a) [sa'laðo, -a]
Salzstangen, die *Pl* los palitos salados *Pl* [pa'litos sa'laðos]
Samstag, der el sábado ['saβaðo]
Sandale, die la sandalia [san'dalja]
Sardine, die la sardina [sar'ðina]
satt lleno (-a) ['ɟeno, -a]
sauer ácido ['aθiðo]
saugen pasar la aspiradora [pa'sar la aspira'ðora]
Saugflasche, die el biberón [biβe'ron]
Säugling, der el bebé [be'βe]
S-Bahn®, die el tranvía [tram'bia]
scannen escanear [eskane'ar]
Schaffner(in), der (die) el (la) revisor (a) [rreβi'sor(a)]
Schal, der la bufanda [bu'fanda]
Schale, die la piel [pjel]
schälen pelar [pe'lar]
Schalotte, die la chalota [ʧa'lota]
Schaltjahr, das el año bisiesto ['aɲo βi'sjesto]
scharf picante [pi'kante]
Schaufenster, das el escaparate [eskapa'rate]
Scheibe (Brot), die la rodaja (de pan) [rro'ðaxa (ðe pan)]
Scheide, die la vagina [ba'xina]
Schere, die las tijeras *Pl* [ti'xeras]
Schienbein, das la espinilla [espi'niʝa]
Schiene, die la tablilla [ta'βliʝa]
Schiff, das el barco ['barko]
Schild, das el cartel [kar'tel]
Schilddrüse, die el tiroides *Inv* [ti'roiðes]
Schinken, der el jamón york [xa'moɲ ɟork]
Schlafanzug, der el pijama [pi'xama]
Schlaftablette, die la pastilla para dormir [pas'tiʝa 'para ðor'mir]
Schlafzimmer, das el dormitorio [dormi'torjo]
Schlaganfall, der el derrame cerebral [de'rrame θere'βral]
Schlagsahne, die la nata montada ['nata mon'taða]
Schlange, die la cola ['kola]
schlank delgado (-a) [del'ɣaðo, -a]
schlecht malo (-a) ['malo, -a]
schlürfen sorber [sor'βer]
Schlüssel, der la llave ['ɟaβe]
schmatzen hacer ruido (al comer) [a'θer 'rrwiðo (al ko'mer)]
schmecken estar rico (-a) [es'tar 'rriko, -a]
Schmerzen, die *Pl* el dolor [do'lor]
Schmerzmittel, das el analgésico [anal'xesiko]
Schmierkäse, der el queso de untar ['keso ðe wn'tar]
Schmuck, der las joyas *Pl* ['xoɟas]
schmutzig sucio (-a) ['suθjo, -a]
Schnaps, der el aguardiente [aɣwar'ðjente]
Schnee, der la nieve ['njeβe]
Schneidebrett, das la tabla (de cortar) ['taβla (ðe kor'tar)]
schneien nevar [ne'βar]
Schnitzel, das el escalope [eska'lope]
Schnuller, der el chupete [ʧu'pete]
Schnupfen, der el constipado [konsti'paðo]
Schnurrbart, der el bigote [bi'ɣote]
Schnürsenkel, der el cordón [kor'ðon]
Schokolade, die el chocolate [ʧoko'late]
Schokoriegel, der la chocolatina [ʧokola'tina]
Scholle, die la Platija [pla'tixa]
schön bien ['bjen]
Schrank, der el armario [ar'marjo]
Schraube, die el tornillo [tor'niʝo]
schrauben atornillar [atorni'ɟar]
Schraubenzieher, der el destornillador [destorniʝa'ðor]
schreiben escribir [eskri'βir]

Schreibtisch, der el escritorio [eskri'torjo]
schreien gritar [gri'tar]
schüchtern tímido (-a) ['timiðo, -a]
Schuh, der el zapato [θa'pato]
Schuhcreme, die la crema para el calzado ['krema 'para el kal'θaðo]
Schuhgeschäft, das la zapatería [θapate'ria]
Schuhgröße, die el número ['numero]
Schulden, die *Pl* la deuda ['deu̯ða]
Schule, die el colegio [ko'lexjo]
Schüler(in), der (die) el (la) alumno (-a) [a'lumno, -a]
Schulter, die el hombro ['ombro]
Schürze, die el delantal [delan̪'tal]
Schüssel, die la fuente ['fwen̪te]
Schüttelfrost, der los escalofríos *Pl* [eskalo'frios]
Schwager, der el cuñado [ku'ɲaðo]
Schwägerin, die la cuñada [ku'ɲaða]
Schwamm, der el estropajo [estro'paxo]
schwanger embarazada [embara'θaða]
Schwangerschaftstest, der el test de embarazo [tes^t de emba'raθo]
schwarz negro (-a) ['neɣro, -a]
Schwarztee, der el té negro [te'neɣro]
Schweinebraten, der el asado de cerdo [a'saðo ðe 'θerðo]
Schweinefleisch, das el cerdo ['θerðo]
Schweizer Franken, der el franco suizo ['fraŋko 'swiθo]
Schwester, die la hermana [er'mana]
Schwiegermutter, die la suegra ['sweɣra]
Schwiegersohn, der el yerno ['ɟerno]
Schwiegertochter, die la nuera ['nwera]
Schwiegervater, der el suegro ['sweɣro]
Schwimmbad, das la piscina [pis'θina]
schwimmen nadar [na'ðar]
Schwindel, der el mareo [ma'reo]
schwindelig mareado (-a) [mare'aðo, -a]
sechs seis [sei̯s]
sechste(r, s) el (la) sexto (-a) ['sesto, -a]
sechszehn dieciséis [djeθi'sei̯s]
sechzig sesenta [se'sen̪ta]
See, der el lago ['laɣo]
Seeteufel, der el rape ['rrape]
Seezunge, die el lenguado [leŋ'gwaðo]
sehbehindert deficiente visual [defi'θjen̪te βisu'al]
Sehenswürdigkeit, die el monumento [monu'men̪to]
Sehne, die el tendón [ten̪'don]
Seide, die la seda ['seða]
Seife, die el jabón [xa'βon]
sein(e) (*männl/sächl*) su [su]
seit desde ['desðe]
seitdem desde (que) ['desðe (ke)]
Sekt, der el cava ['kaβa]
Sekunde, die el segundo [se'ɣun̪do]
selbst gebacken casero (-a) [ka'sero, -a]
selbstständig sein ser autónomo (-a) [ser au̯'tonomo, -a]
Senf, der la mostaza [mos'taθa]
September, der septiembre [sep'tjembre]
Serrano Schinken, der el jamón serrano [xa'moɲ se'rrano]
Serviette, die la servilleta [serβi'ɟeta]
Sessel, der el sillón [si'ɟon]
Shampoo, das el champú [ʧam'pu]
Sherry, der el jerez [xe'reθ]
shoppen gehen ir de compras [ir ðe 'kompras]
Shorts, die *Pl* el pantalón corto [pan̪ta'lon 'korto]
sich ... fühlen sentirse... [sen̪'tirse]
sich abtrocknen secarse [se'karse]
sich bedanken dar las gracias [dar las 'graθjas]
sich beschweren quejarse [ke'xarse]
sich die Haare waschen lavarse el pelo [la'βarse el 'pelo]
sich die Zähne putzen lavarse los dientes [la'βarse los 'djen̪tes]
sich duschen ducharse [du'ʧarse]
sich eincremen echarse crema [e'ʧarse 'krema]
sich einsetzen für ... darlo todo para... ['darlo 'toðo 'para]
sich freimachen descubrirse [desku'βrirse]
sich kämmen peinarse [pei̯'narse]
sich rasieren afeitarse [afei̯'tarse]
sich schminken maquillarse [maki'ɟarse]
sich sonnen tomar el sol [to'mar el sol]
sich treffen encontrarse [eŋkon̪'trarse]
sich übergeben vomitar [bomi'tar]
sich unterhalten charlar [ʧar'lar]
sich verabreden quedar [ke'ðar]
sich waschen lavarse [la'βarse]
Sicherheitskontrolle, die el control de seguridad [kon̪'trol de seɣuri'ða^ð]
Sicherheitsnadel, die el imperdible [imper'ðiβle]

S

Sicherung, die el fusible [fu'siβle]
Sie usted/ustedes [us'teᵒ], [us'teðes]
sie ella/ellos (-as) *Pl* ['eʝa], ['eʝos, -as]
sieben siete ['sjete]
siebte(r, s) el (la) séptimo (-a) ['septimo, -a]
siebzehn diecisiete [djeθi'sjete]
siebzig setenta [se'tenta]
silberfarben plateado (-a) [plate'aðo, -a]
SIM-Karte, die la tarjeta SIM [tar'xeta sim]
simsen mensajear [mensaxe'ar]
Sirene, die la sirena [si'rena]
Skelett, das el esqueleto [eske'leto]
Ski fahren esquiar [eski'ar]
Skibrille, die las gafas de esquí *Pl* ['gafas ðe es'ki]
Skihose, die el pantalón de esquí [panta'lon de es'ki]
Skistiefel, der las botas de esquí *Pl* ['botas ðe es'ki]
skypen hablar por Skype [a'βlar por es'kajp]
Slipeinlage, die el salvaslip [salβas'liᵖ]
Smartphone, das el smartphone [es'mar(t)fon]
SMS, die el SMS [ese'mese]
Socken, die *Pl* los calcetines *Pl* [kalθe'tines]
Sofa, das el sofá [so'fa]
Sohle, die la suela ['swela]
Sohn, der el hijo ['ixo]
Sojabohne, die la soja ['soxa]
Sommer, der el verano [be'rano]
Sommersprossen, die *Pl* las pecas *Pl* ['pekas]
Sonderangebot, das la oferta [o'ferta]
sondern sino ['sino]
Sonne, die el sol [sol]
Sonnenaufgang, der el amanecer [amane'θer]
Sonnenbrand, der la quemadura solar [kema'ðura so'lar]
Sonnenbrille, die las gafas de sol *Pl* ['gafas ðe sol]
Sonnencreme, die la crema solar ['krema so'lar]
sonnengebräunt moreno (-a) [mo'reno, -a]
sonnengereift madurado (-a) al sol [maðu'raðo, -a al sol]
Sonnenschein, der la luz del sol [luθ del sol]
Sonnenschirm, der la sombrilla [som'briʝa]
Sonnenstich, der la insolación [insola'θjon]
Sonnenuntergang, der el atardecer [atarðe'θer]
Sonntag, der el domingo [do'miŋgo]
Soße, die la salsa ['salsa]
Souvenirladen, der la tienda de recuerdos ['tjenda ðe rre'kwerðos]
sowohl ... als auch tanto ... como ['tanto... 'komo]
Soziale Medien, die *Pl* las redes sociales *Pl* ['rreðes so'θjales]
Spaghetti, die *Pl* los espaguetis *Pl* [espa'ɣetis]
Spargel, der el espárrago [es'parraɣo]
spät tarde ['tarðe]
später más tarde [mas 'tarðe]
Speicherkarte, die la tarjeta de memoria [tar'xeta ðe me'morja]
speichern guardar [gwar'ðar]
Speisekarte, die la carta ['karta]
Speiseröhre, die el esófago [e'sofaɣo]
Spiegel, der el espejo [es'pexo]
Spiegelei, das el huevo frito ['weβo 'frito]
Spielplatz, der el parque infantil ['parke iɱfan'til]
Spielzeug, das el juguete [xu'ɣete]
Spinat, der las espinacas *Pl* [espi'nakas]
spitz puntiagudo (-a) [puntja'ɣuðo, -a]
Spitzer, der el sacapuntas *Inv* [saka'puntas]
Sport, der el deporte [de'porte]
Sportgeschäft, das la tienda de deportes ['tjenda ðe ðe'portes]
Spray, der/das el espray [es'prai̯]
sprechen hablar [a'βlar]
Sprechstunde, die la hora (en el médico) ['ora (en el 'meðiko)]
Sprechzimmer, das la consulta [kon'sulta]
Spritze, die la inyección [inʝeᵞ'θjon]
Spülmaschine, die el lavavajillas *Inv* [laβaβa'xiʝas]
Spülmittel, das el detergente [deter'xente]
Stäbchen, die *Pl* el palillo [pa'liʝo]
Stachelbeere, die la grosella espinosa [gro'seʝa espi'nosa]
Stadt, die la ciudad [θju'ðaᵒ]
Städtereise, die el viaje para conocer una ciudad ['bjaxe 'para kono'θer 'una θju'ðaᵒ]
Stadtplan, der el Plano (de la ciudad) ['plano (ðe la θju'ðaᵒ)]

Stadtteil, der el barrio ['barrjo]
Stangensellerie, der/die el apio ['apjo]
starten despegar [despe'ɣar]
Starthilfe, die el arranque con pinzas [a'rraŋke kom 'pin̪θas]
Station, die la unidad [uni'ðaᶞ]
stationär hospitalario (-a) [ospita'larjo, -a]
Stativ, das el trípode ['tripoðe]
statt en vez de (que) [em 'beθ ðe (ke)]
Stau, der el atasco [a'tasko]
Staubsauger, der la aspiradora [aspira'ðora]
Staubtuch, das el trapo ['trapo]
Steak, das el filete [fi'lete]
Steckdose, die el enchufe [en'ʧufe]
Stecker, der el enchufe [en'ʧufe]
Steinpilz, der la seta calabaza ['seta kala'βaθa]
Steppe, die la estepa [es'tepa]
sterben morir [mo'rir]
Stern, der la estrella [es'treʝa]
Stethoskop, das el estetoscopio [estetos'kopjo]
Stich, der la punzada [pun̪'θaða]
Stiefel, der la bota ['bota]
Stiefmutter, die la madrastra [ma'ðrastra]
Stiefsohn, der el hijastro [i'xastro]
Stieftochter, die la hijastra [i'xastra]
Stiefvater, der el padrastro [pa'ðrastro]
stillen dar el pecho [dar el 'peʧo]
Stirn, die la frente ['fren̪te]
Stockwerk, das la Planta ['plan̪ta]
Strafzettel, der la multa ['mul̪ta]
Strampelanzug, der el pelele [pe'lele]
Strand, der la Playa ['plaʝa]
Straße, die la calle ['kaʝe]
streamen hacer streaming [a'θer es'trimiŋ]
Streichholz, das la cerilla [θe'riʝa]
Streit, der la pelea [pe'lea]
streiten discutir [disku'tir]
Strom, der la corriente [ko'rrjen̪te]
Strümpfe, die *Pl* las medias *Pl* ['meðjas]
Strumpfhose, die los leotardos *Pl* [leo'tarðos]
Student(in), der (die) el (la) estudiante universitario (a) [estu'ðjan̪te uniβersi'tarjo, -a]
Stuhl, der la silla ['siʝa]
Stuhlgang, der la defecación [defeka'θjon]
stumm mudo (-a) ['muðo, -a]
Stunde, die la hora ['ora]
stündlich cada hora ['kaða 'ora]
Sturm, der el temporal [tempo'ral]
Süden, der el sur [sur]
südlich al sur [al sur]
Supermarkt, der el supermercado [supermer'kaðo]
Suppe, die la sopa ['sopa]
surfen navegar [naβe'ɣar]
Sushi, das el sushi ['suʃi]
süß dulce ['dul̪θe]
Süßigkeiten, die *Pl* los dulces *Pl* ['dul̪θes]
Süßkartoffel, die el boniato [bo'njato]
Süßspeise, die el dulce ['dul̪θe]
Süßstoff, der el edulcorante [eðulko'ran̪te]
Sweatshirt, das la sudadera [suða'ðera]
sympathisch simpático (-a) [sim'patiko, -a]

T

Tabak, der el tabaco [ta'βako]
Tablet, das la tablet ['taβlet]
Tablett, das la bandeja [ban̪'dexa]
Tablette, die la pastilla [pas'tiʝa]
Tag, der el día ['dia]
Tagliatelle, die *Pl* los tallarines *Pl* [taʝa'rines]
täglich cada día ['kaða 'ðia]
Taille, die la cintura [θin̪'tura]
Tampon, der el tampón [tam'pon]
tanken echar gasolina [e'ʧar gaso'lina]
Tankstelle, die la gasolinera [gasoli'nera]
Tante, die la tía ['tia]
tanzen bailar [bai̯'lar]
tanzen gehen ir a bailar [ir a βai̯'lar]
Tarif, der la tarifa [ta'rifa]
Tasche, die el bolso ['bolso]
Taschenrechner, der la calculadora [kalkula'ðora]
Tasse, die la taza ['taθa]
Täter(in), der (die) el (la) autor (a) [au̯'tor(a)]
Tattoo, das el tatuaje [tatu'axe]
Taxi, das el taxi ['taˠsi]
Tee, der el té [te]
Teebeutel, der la bolsita de té [bol'sita ðe te]
Teelöffel, der la cucharilla [kuʧa'riʝa]
Telefon, das el teléfono [te'lefono]
telefonieren hablar por teléfono [a'βlar por te'lefono]

Telefonnummer, die el número de teléfono ['numero ðe te'lefono]
Teller, der el Plato ['plato]
Temperatur, die la temperatura [tempera'tura]
Tennis, das el tenis ['tenis]
Teppich, der la alfombra [al'fombra]
Termin, der la cita ['θita]
Terrasse, die la terraza [te'rraθa]
Terrorismus, der el terrorismo [terro'rismo]
Tesafilm®, der la cinta (adhesiva) ['θin̪ta (aðe'siβa)]
teuer caro (-a) ['karo, -a]
Theater, das el teatro [te'atro]
Thunfisch, der el atún [a'tun]
Ticket, das el billete [bi'ʝete]
tief einatmen respirar hondo [rrespi'rar 'on̪do]
Tiefkühlgemüse, das la verdura ultracongelada [ber'ðura ul̪trakoŋxe'laða]
Tier, das el animal [ani'mal]
Tintenfisch, der el calamar [kala'mar]
tippen teclear [tekle'ar]
Tisch, der la mesa ['mesa]
Tischdecke, die el mantel [man̪'tel]
Toaster, der el tostador [tosta'ðor]
Tochter, die la hija ['ixa]
Tod, der la muerte ['mwerte]
Tofu, der el tofu ['tofu]
Toilette, die el váter ['bater]
Toilettenpapier, das el papel higiénico [pa'pel i'xjeniko]
Tomate, die el tomate [to'mate]
Tonne, die la tonelada [tone'laða]
Topf, der la olla ['oʝa]
Topflappen, der el agarrador [aɣarra'ðor]
Tortellini, die *Pl* los tortellinis *Pl* [torte'linis]
tot muerto (-a) ['mwerto, -a]
Tote, der/die el (la) fallecido (-a) [faʝe'θiðo, -a]
Touristeninformation, die la información turística [iɱforma'θjon tu'ristika]
Trage, die la camilla [ka'miʝa]
tragen llevar [ʝe'βar]
traurig triste ['triste]
Trekkinghose, die los pantalones de montaña *Pl* [pan̪ta'lones ðe mon̪'taɲa]
Treppe, die la escalera [eska'lera]
Treppenhaus, das las escaleras (del portal) *Pl* [eska'leras (ðel por'tal)]
trinken beber [be'βer]
Trinkgeld, das la propina [pro'pina]
Trockner, der la secadora [seka'ðora]
Trolley, der la maletita con ruedas [male'tita kon 'rrweðas]
Tropfen, die *Pl* las gotas *Pl* ['gotas]
trotz a pesar de [a pe'sar ðe]
T-Shirt, das la camiseta [kami'seta]
Tunnel, der el túnel ['tunel]
Tür, die la puerta ['pwerta]
türkis turquesa [tur'kesa]
Turm, der la torre ['torre]
Turnschuh, der la zapatilla (de deporte) [θapa'tiʝa (ðe ðe'porte)]
Tüte, die la bolsa ['bolsa]
Tweet, der el tuit [tujt]
twittern tuitear [tujte'ar]

U

U-Bahn, die el metro ['metro]
Übelkeit, die las náuseas *Pl* ['nau̯seas]
über por encima de [por en̪'θima ðe]
überbacken gratinado (-a) [grati'naðo, -a]
Überfall, der el atraco [a'trako]
überleben sobrevivir [soβreβi'βir]
übermorgen pasado mañana [pa'saðo ma'ɲana]
überrascht sorprendido (-a) [sorpren̪'diðo, -a]
übersetzen traducir [traðu'θir]
Überweisung, die la derivación [deriβa'θjon]
überziehen (*Konto*) dejar al descubierto [de'xar al̪ desku'βjerto]
Uhr, die el reloj [rre'lox]
Ultraschalluntersuchung, die la ecografía [ekoɣra'fia]
Umkleidekabine, die el probador [proβa'ðor]
umrühren remover [rremo'βer]
Umschlag, der la cubierta [ku'βjerta]
umsteigen hacer transbordo [a'θer tra⁽ⁿ⁾s'βorðo]
umtauschen descambiar/convertir (*wechseln*) [deskam'bjar], [komber'tir]
und y, e [i, e]
unecht de bisutería [de βisute'ria]
Unfall, der el accidente [aᵞθi'ðen̪te]
ungiftig comestible [komes'tiβle]
Universität, die la universidad [uniβersi'ðaᶿ]
unrasiert sin afeitar [sin afei̯'tar]
unser (e) nuestro (-a) ['nwestro, -a]
unten debajo [de'βaxo]

unter debajo de [de'βaxo ðe]
unterhalb por debajo de [por de'βaxo ðe]
Unterhemd, das la camiseta interior [kami'seta inte'rjor]
Unterhose, die la ropa interior ['rropa inte'rjor]
Unternehmen, das la empresa [em'presa]
unterschreiben firmar [fir'mar]
Unterschrift, die la firma [fir'ma]
untersuchen reconocer [rrekono'θer]
Untersuchung, die el reconocimiento [rrekonoθi'mjento]
Untertasse, die el Platillo [pla'tiʝo]
Urinprobe, die la prueba de orina ['prweβa ðe o'rina]
Urwald, der la selva ['selβa]
USB-Stick, der la memoria USB [me'morja wese'βe]

V

Vater, der el padre ['paðre]
vegan vegano (-a) [be'ɣano, -a]
vegetarisch vegetariano (-a) [bexeta'rjano, -a]
Veggieburger, der la hamburguesa vegetal [ambur'ɣesa βexe'tal]
Vene, die la vena ['bena]
Venusmuschel, die la almeja [al'mexa]
verängstigt asustado (-a) [asus'taðo, -a]
Verband, der el vendaje [ben'daxe]
verbinden vendar [ben'dar]
Verbrechen, das el delito [de'lito]
Verbrecher(in), der (die) el/la delincuente *m, f* [deliŋ'kwente]
Verbrennung, die la quemadura [kema'ðura]
Verdächtige, der/die el (la) sospechoso (-a) [sospe'ʧoso, -a]
Vergewaltigung, die la violación [bjola'θjon]
Vergiftung, die la intoxicación [intoˠsika'θjon]
verkaufen vender [ben'der]
Verkäufer(in), der (die) el (la) dependiente (-a) [depen'djente, -a]
Verkehr, der el tráfico ['trafiko]
Verkehrsschild, das la señal de tráfico [se'ɲal ðe 'trafiko]
Verlängerungskabel, das la alargadera [alarɣa'ðera]
verletzt lesionado (-a) [lesjo'naðo, -a]
Verletzte, der/die el (la) herido (-a) [e'riðo, -a]
vermengen mezclar bien [meθ'klar βjen]
Vermisste, der/die el (la) desaparecido (-a) [desapare'θiðo, -a]
verrenkt torcido (-a) [tor'θiðo, -a]
versalzen (demasiado) salado (-a) [(dema'sjaðo) sa'laðo, -a]
verschimmelt enmohecido (-a) [eᵐmoe'θiðo, -a]
verschreiben recetar [rreθe'tar]
verschüttet sepultado (-a) [sepul'taðo, -a]
Versichertenkarte, die la tarjeta del seguro [tar'xeta ðel se'ɣuro]
Verspätung, die el retraso [rre'traso]
verstaucht con un esguince [kon un es'ɣinθe]
Verstauchung, die el esguince [es'ɣinθe]
verstehen entender [enten'der]
Verwandte, der/die el/la familiar/pariente [fami'ljar/pa'rjente]
verzeihen perdonar [perðo'nar]
viele muchos (-as) *Pl* ['muʧos, -as]
vier cuatro ['kwatro]
(vier)eckig cuadrado (-a) [kwa'ðraðo, -a]
vierte(r, s) el (la) cuarto (-a) ['kwarto, -a]
Viertelstunde, die el cuarto de hora ['kwarto ðe 'ora]
vierunddreißig treinta y cuatro ['treinta i 'kwatro]
vierzehn catorce [catorce]
vierzehn Uhr las dos de la tarde [las ðos ðe la 'tarðe]
vierzig cuarenta [kwa'renta]
Virus, das el virus *Inv* ['birus]
Visitenkarte, die la tarjeta de visita [tar'xeta ðe βi'sita]
Visum, das el visado [bi'saðo]
Vogel, der el pájaro, ave ['paxaro, 'aβe]
Vollpension, die la pensión completa [pen'sjon kom'pleta]
vollständige Name, der el nombre completo ['nombre kom'pleto]
von de [de]
vor delante de (*örtl.*); antes de (*zeitl.*) [de'lante ðe], ['antes ðe]
vorgestern anteayer [antea'ʝer]
Vorhang, der la cortina [kor'tina]
vorletzte(r, s) el (la) penúltimo (-a) [pe'nultimo, -a]

Vorliebe, die la preferencia [prefeˈrenθja]
Vormittag, der la mañana [maˈɲana]
vormittags por la(s) mañana(s) [por la(s) maˈɲana(s)]
Vorname, der el nombre [ˈnombre]
Vorspeise, die el primero [priˈmero]
vorstellen (*sich/jdn*) presentarse/ presentar a alguien [presenˈtarse/ presenˈtar a ˈalɣjen]
Vulkan, der el volcán [bolˈkan]

W

Waage, die la balanza [baˈlanθa]
Wade, die la pantorrilla [pantoˈrriʝa]
Waffe, die el arma [ˈarma]
während mientras [ˈmjentras]
Wald, der el bosque [ˈboske]
wandern hacer senderismo [aˈθer sendeˈrismo]
Wanderschuh, der la bota de montaña [ˈbota ðe monˈtaɲa]
Wange, die la mejilla [meˈxiʝa]
wann cuándo [ˈkwando]
Ware, die el artículo [arˈtikulo]
Warenregal, das la estantería [estanteˈria]
warm cálido (-a) [ˈkaliðo, -a]
Warndreieck, das el triángulo [triˈaŋɣulo]
Wartezimmer, das la sala de espera [ˈsala ðe esˈpera]
warum por qué [por ke]
was qué [ke]
Waschbecken, das el lavabo [laˈβaβo]
(Wäsche) waschen, die lavar (la ropa) [laˈβar (la ˈrropa)]
Wäscheklammer, die la pinza (de la ropa) [ˈpinθa (ðe la ˈrropa)]
Wäscheleine, die la cuerda de la ropa [ˈkwerða ðe la ˈrropa]
Wäscheständer, der el tendedero [tendeˈðero]
Waschlappen, der la manopla (para baño) [maˈnopla (ˈpara ˈbaɲo)]
Waschmaschine, die la lavadora [laβaˈðora]
Waschmittel, das el detergente [deterˈxente]
Wasser, das el agua [ˈaɣwa]
Wasserfall, der la cascada [kasˈkaða]
Wasserhahn, der el grifo [ˈgrifo]
Wasserkocher, der el hervidor de agua [erβiˈðor ðe ˈaɣwa]
Wassermelone, die la sandía [sanˈdia]
Watte, die el algodón [alɣoˈðon]
Wattepad, das el disco desmaquillante [ˈdisko desmakiˈʝante]
Wattestäbchen, das el bastoncillo (para los oídos) [bastonˈθiʝo (ˈpara los oˈiðos)]
Webcam, die la cámara web [ˈkamara weᵝ]
Wechselgeld, das la vuelta [ˈbwelta]
Wechselkurs, der el tipo de cambio [ˈtipo ðe ˈkambjo]
Wechselstube, die la oficina de cambio [ofiˈθina ðe ˈkambjo]
Weg, der el camino [kaˈmino]
wegwerfen tirar (a la basura) [tiˈrar (a la βaˈsura)]
Wehen, die *Pl* las contracciones *Pl* [kontraᵞˈθjones]
wehtun doler [doˈler]
weiblich femenino [femeˈnino]
weich blando (-a) [ˈblando, -a]
weil porque [ˈporke]
Wein, der el vino [ˈbino]
Weinbrand, der el brandi [ˈbrandi]
weinen llorar [ʝoˈrar]
Weinschorle, die el vino con agua con gas [ˈbino kon ˈaɣwa koŋ gas]
Weintraube, die la uva [ˈuβa]
weiß blanco (-a) [ˈblaŋko, -a]
Weißwein, der el vino blanco [ˈbino ˈβlaŋko]
weit ancho (-a) [ˈanʧo, -a]
weit entfernt lejos [ˈlexos]
Weizen, der el trigo [ˈtriɣo]
welche(r, s) qué/cuál [ke/kwal]
welk mustio (-a) [ˈmustjo, -a]
wem a quién [a kjen]
wen a quién [a kjen]
wenige pocos (-as) *Pl* [ˈpokos, -as]
wenn cuando [ˈkwando]
wer quién [kjen]
Werkzeug, das la herramienta [erraˈmjenta]
wessen de quién [de kjen]
Weste, die el chaleco [ʧaˈleko]
Westen, der el oeste [oˈeste]
westlich al oeste [al oˈeste]
Whisky, der el whisky [ˈwiski]
Wickeltisch, der el cambiador [kambjaˈðor]
widersprechen llevar la contraria [ʝeˈβar la konˈtrarja]
wie cómo [ˈkomo]
wie lange cuánto tiempo [ˈkwanto ˈtjempo]
wie viel cuánto (-a) [ˈkwanto, -a]

wie viele cuántos (-as) *Pl* [ˈkwan̪tos, -as]
wiederbeleben reanimar [rreaniˈmar]
wiederholen repetir [rrepeˈtir]
Wimperntusche, die el rímel [ˈrrimel]
Wind, der el viento [ˈbjen̪to]
Windel, die el pañal [paˈɲal]
windig ventoso (-a) [ben̪ˈtoso, -a]
winken hacer señas [aˈθer ˈseɲas]
Winter, der el invierno [imˈbjerno]
wir nosotros (-as) *Pl* [noˈsotros, -as]
Wirbelsäule, die la columna vertebral [koˈlumna βerteˈβral]
Wirsing, der la col de Milán [kol de miˈlan]
wischen fregar [freˈɣar]
wo/wohin/woher dónde/adónde/de dónde [ˈdon̪de/aˈðon̪de/de ˈðon̪de]
Wochenende, das el fin de semana [fin̪ ðe seˈmana]
Wochentag, der el día entre semana [ˈdia ˈen̪tre seˈmana]
wofür para qué [ˈpara ke]
wohnen vivir [biˈβir]
Wohnmobil, das la autocaravana [au̯tokaraˈβana]
Wohnung, die el piso [ˈpiso]
Wohnwagen, der la caravana [karaˈβana]
Wohnzimmer, das el salón [saˈlon]
Wolke, die la nube [ˈnuβe]
Wolle, die la lana [ˈlana]
Wörterbuch, das el diccionario [diᵞθjoˈnarjo]
Wunde, die la herida [eˈriða]
Wurst (*Aufschnitt*), **die** el embutido [embuˈtiðo]
Würstchen, das la salchicha [salˈʧiʧa]
Wurzelpetersilie, die el perejil tuberoso [pereˈxil tuβeˈroso]
würzen condimentar [kon̪dimen̪ˈtar]
Wüste, die el desierto [deˈsjerto]
wütend furioso (-a) [fuˈrjoso, -a]

Y

Yoga, das el yoga [ˈɟoɣa]

Z

Zahn, der el diente [ˈdjen̪te]
Zahnarzt (-ärztin), der (die) el/la dentista *m, f* [den̪ˈtista]
Zahnbürste, die el cepillo (de dientes) [θeˈpiʝo (ðe ðjen̪tes)]
Zahncreme, die la pasta de dientes [ˈpasta ðe ðjen̪tes]
Zahnersatz, der la dentadura postiza [den̪taˈðura posˈtiθa]
Zahnfleischentzündung, die la gingivitis *Inv* [xiŋxiˈβitis]
Zahnschmerzen, die *Pl* el dolor de muelas [doˈlor ðe ˈmwelas]
Zahnseide, die el hilo dental [ˈilo ðen̪ˈtal]
Zander, der la lucioperca [luθjoˈperka]
Zäpfchen, das el supositorio [suposiˈtorjo]
Zaun, der la cerca [ˈθerka]
Zebrastreifen, der el paso de cebra [ˈpaso ðe ˈθebra]
Zecke, die la garrapata [garraˈpata]
Zeh, der el dedo del pie [ˈdeðo ðel pje]
zehn diez [djeθ]
zehntausend diez mil [djeθ mil]
zehnte(r, s) el (la) décimo (-a) [ˈdeθimo, -a]
Zeigefinger, der el índice [ˈin̪diθe]
Zeitschrift, die la revista [rreˈβista]
Zeitung, die el periódico [peˈrjoðiko]
Zelt, das la tienda (de campaña) [ˈtjen̪da (ðe kamˈpaɲa)]
zelten acampar [akamˈpar]
Zentimeter, der/das el centímetro [θen̪ˈtimetro]
Zeuge (-in), der (die) el/la testigo *m, f* [tesˈtiɣo]
Zicklein, das el choto [ˈʧoto]
Zigarette, die el cigarro [θiˈɣarro]
Zimmer, das la habitación [aβitaˈθjon]
Zinsen, die *Pl* los intereses *Pl* [in̪teˈreses]
Zitrone, die el limón [liˈmon]
Zitrusfrucht, die el cítrico [ˈθitriko]
zittern tiritar [tiriˈtar]
Zoll, der la aduana (*Amt*), la pulgada (*Maßeinheit*) [aˈðwana], [pulˈɣaða]
Zoo, der el zoo [θo]
zu a/en [a/en]
zubereiten guisar [giˈsar]
Zucchini, die el calabacín [kalaβaˈθin]
Zucker, der el azúcar [aˈθukar]
zuckerfrei sin azúcar [sin aˈθukar]
zufrieden contento (-a) [kon̪ˈten̪to, -a]
Zug, der el tren [tren]
zum Mitnehmen/to go para llevar [ˈpara ɟeˈβar]
Zunge, die la lengua [ˈleŋgwa]
zustimmen estar de acuerdo [esˈtar ðe aˈkwerðo]
zwanzig veinte [ˈbein̪te]
zwanzigste(r, s) el (la) vigésimo (-a) [biˈxesimo, -a]

zwei dos [dos]
zwei Uhr las dos [las ðos]
zweifach doble [ˈdoβle]
zweihundert doscientos [dosˈθjen̩tos]
zweimal dos veces [dos ˈβeθes]
zweitausend dos mil [dos mil]
zweite(r, s) el (la) segundo (-a) [seˈɣun̩do, -a]
zweite Nachname, der el segundo apellido [seˈɣun̩do apeˈʝiðo]
Zwiebel, die la cebolla [θeˈβoʝa]
Zwillinge, die *Pl* los, las gemelos (-as) *Pl* [xeˈmelos, -as]
zwischen entre [ˈen̩tre]
zwölf doce [ˈdoθe]
zwölf Uhr las doce [las ˈðoθe]
zwölfte(r, s) el (la) décimo segundo (-a) [ˈdeθimo seˈɣun̩do, -a]

BILDQUELLEN

* - Shutterstock

11 */wavebreakmedia **12** */Liudmyla Marykon **12** */graphicsdunia4you **12** */graphicsdunia4you **12** */Africa Studio **12** */goodluz **12** */Kristi Dodo **12** */Kristi Dodo **12** */Kristi Dodo **12** */Andrey_Popov **14** */Andrey Pavlov **14** */GaudiLab **14** */Monkey Business Images **14** */Bram van Broekhoven **14** fotolia/WavebreakmediaMicro **14** fotolia/Picture-Factory **14** fotolia/ontrastwerkstatt **14** */wavebreakmedia **14** fotolia/Jörg Lantelme **15** */Rawpixel.com **16** */Monkey Business Images **18** */Yulia Mayorova **19** */Dean Drobot **19** */Kachalkina Veronika **19** */Pressmaster **19** */Sunny studio **19** */wavebreakmedia **19** fotolia/Sergey Nivens **19** */Alexander Raths **19** */g-stockstudio **19** fotolia/Daxiao Productions **19** */Lucky Business **19** fotolia/SolisImages **19** fotolia/Kzenon **20** fotolia/natalielb **20** fotolia/grafikplusfoto **20** */Maridav **20** */Dudarev Mikhail **20** */Fotokostic **20** */XiXinXing **20** */Kzenon **20** */koi88 **20** fotolia/Monkey Business **20** */Stokkete **20** */Robert Kneschke **20** */StockLite **21** */Andresr **21** fotolia/Igor Mojzes **21** fotolia/Dmitry Lobanov **21** fotolia/Samuel Borges **21** fotolia/DenisNata **21** fotolia/Family Business **21** fotolia/ mimagephotos **21** */g-stockstudio **21** */Eric Isselee **22** fotolia/Picture-Factory **22** */Martina_L **22** */racorn **22** */glebTv **22** */Yuganov Konstantin **22** */FXQuadro **22** */Axel Bueckert **22** */Johnny Habell **22** fotolia/Martina Thanner **23** fotolia/contrastwerkstatt **24** */ArtFamily **24** */ArtFamily **25** */dreamerve **25** */Valery Sidelnykov **25** */Syda Productions **25** fotolia/Sabphoto **25** fotolia/Garrincha **25** fotolia/vladimirfloyd **25** fotolia/Ilike **25** fotolia/pathdoc **25** fotolia/Andres Rodriguez **25** fotolia/Garrincha **25** fotolia/Picture-Factory **25** fotolia/Rido **26** */conrado **26** */RealVector **26** fotolia/alco81 **26** */Jenn Huls **26** fotolia/mizar_21984 **26** fotolia/ **26** */Antonio Guillem **26** fotolia/christophe BOISSON **26** */Diego Cervo **27** */OPOLJA **27** */Markevich Maria **27** */gulserinak1955 **28** */Martina Osmy **28** */Verkhovynets Taras **28** */Nailia Schwarz **29** */gpointstudio **29** */Rohappy **29** fotolia/Floydine **31** */elwynn **31** */upslim **31** fotolia/kei907 **31** */Syda Productions **31** */Ermolaev Alexander **31** fotolia/sommai **33** */racorn **33** */Aila Images **33** */Elnur **33** */bezikus **33** fotolia/Lukas Gojda **33** */Roman Sigaev **33** */dotshock **33** */Pressmaster **33** */Todd Kreykes **33** */Viktor Lysenkov **33** */melis **33** fotolia/Christian Schwier **35** */HeliHead **37** fotolia/pavel1964 **37** fotolia/kieferpix **37** */Claudio Divizia **37** */turtix **37** */connel **37** */swinner **37** */Darren Brode **37** */g-stockstudio **37** */RossHelen **37** */TTstudio **37** */Joseph Sohm **37** */Ljupco Smokovski **38** */evan66 **39** */HeliHead **39** */estherpoon **39** */Mariusz Szczygiel **39** */Matthew Jacques **39** */stockernumber2 **39** */Monika Wisniewska **39** */Iakov Kalinin **39** */De Visu **39** */ChiccoDodiFC **40** */Christian Mueller **40** */JuliusKielaitis **40** */Sergey Furtaev **40** */Gary Glaser **40** */Captblack76 **40** fotolia/cameris **40** */Tomas Skopal **40** fotolia/Scanrail **40** */nature photos **41** */cowardlion **42** */keellla **42** fotolia/Sashkin **42** */Patryk Kosmider **42** fotolia/swx **42** fotolia/Kalim **42** */g-stockstudio **42** */CkyBe **43** */Dasha Petrenko **43** */Piotr Latacha **43** */Africa Studio **43** */Gabriel Georgescu **43** */Eviled **43** */Mark Winfrey **45** */Greg and Jan Ritchie **45** fotolia/Igor Mojzes **45** */ventdusud **45** */Dmitry Polonskiy **45** fotolia/pressmaster **45** */Etakundoy **45** fotolia/Netzer Johannes **45** */baranq **45** fotolia/suzannmeer **47** fotolia/JSB31 **47** */pcruciatti **47** fotolia/bennnn **47** */Eviled **47** fotolia/typomaniac **47** */ueuaphoto **47** */Aina Jameela **47** fotolia/terex **47** */Sutichak **48** fotolia/Christian Hillebrand **49** */Alina R **49** */Photographee.eu **49** */Stock-Asso **49** */Pressmaster **49** */Ditty_about_summer **49** */Adya **50** fotolia/Africa Studio **50** fotolia/Iriana Shiyan **50** */Zastolskiy Victor **50** */WDG Photo **50** */AVN Photo Lab **50** */Edith Rum **50** fotolia/Photographee.eu **50** */Ursa Major **50** fotolia/Alexander Potapov **50** */Sofiaworld **50** fotolia/kobra78 **50** */Kzenon **51** fotolia/Mariusz Blach **52** */Sergey Rusakov **52** fotolia/Picture-Factory **52** fotolia/euthymia **52** */DenisNata **52** */Odua Images **52** fotolia/uwimages **52** fotolia/Ewais **52** fotolia/uwimages **52** fotolia/yevgenromanenko **53** */Timofeev Vladimir **53** fotolia/donatas1205 **53** fotolia/tuja66 **53** fotolia/akf **53** fotolia/Denis Dryashkin **53** fotolia/BillionPhotos.com **53** fotolia/vav63 **53** fotolia/tuja66 **53** */Monkey Business Images **53** */Twin Design **53** */Evgeny Atamanenko **53** */sergey causelove **53** */Blend Images **54** */ra2studio **54** */Suriya99 **54** */SantiPhotoSS **54** */SantiPhotoSS **54** */PlusONE **54** */Kriang kan **54** */soft_light **54** */Evgeny Dubinchuk **54** */schankz **54** fotolia/ysbrandcosijn **55** */Svetlana Lukienko **55** */Nikki Zalewski **55** */curraheeshutter **55** fotolia/Jürgen Fälchle **55** fotolia/grafikplusfoto **55** fotolia/HomeArt **55** */gpointstudio **55** */Robert Hoetink **55** fotolia/

Zacarias da Mata **55** */nattanan726 **55** */James BO Insogna **55** */Lysogor Roman **57** */conrado **58** */Africa Studio **58** */Dan Kosmayer **58** */Jiri Hera **58** */Diana Taliun **58** */Pamela D. Maxwell **58** */Andrey Starostin **58** */Yeko Photo Studio **58** */johnfoto18 **58** */Sergio33 **58** */ Valentina Razumova **58** */Elena Larina **58** */Billion Photos **59** */iprachenko **59** */GorillaAttack **59** */MaraZe **59** */Lilyana Vynogradova **59** */Lydia Vero **59** */Gamzova Olga **59** */Suradech Prapairat **59** */redheadedgirl **59** */redheadedgirl **60** */SMDSS **60** */Krzysztof Slusarczyk **60** */Wavebreak **60** */nexus 7 **60** */Evgeny Karandaev **60** */bitt24 **60** */Dream79 **61** Thinkstock//DAJ **61** */MaraZe **61** */Mirek Kijewski **61** */Christian Jung **61** */itor **61** */jurasy **61** */Eric Isselee **61** */oksana2010 **61** */Iryna Denysova **62** */Hong Vo **62** */Scisetti Alfio **62** */ Tim UR **62** */viennetta **62** */_LeS_ **62** */JIANG HONGYAN **62** */SOMMAI **62** */MaraZe **62** */ Edward Westmacott **62** */O.Bellini **62** */Alexander Raths **62** */Marko Poplasen **63** */QiuJu Song **63** */yuda chen **63** */Krasowit **63** */focal point **64** */13Smile **64** */Billion Photos **64** */ Diana Taliun **64** */MSSA **64** */gresei **64** */Freer **65** */Olena Kaminetska **65** */Vitaly Korovin **65** */Africa Studio **65** */Anna-Mari West **65** */redheadedgirl **65** */Crepesoles **66** */nelik **66** Thinkstock//Sachko **66** */Dionisvera **66** */Subbotina Anna **66** */fotoearl **66** */optimarc **66** */Anna Sedneva **66** */AN NGUYEN **66** */Jessmine **66** */OllyLo **66** */Monebook **66** */irabel8 **70** fotolia/valery121283 **70** fotolia/yurakp **70** fotolia/Christian Jung **71** */Mariyana M **71** Thinkstock//karandaev **71** iStock/GrishaL **71** Thinkstock//strixcode **71** Thinkstock//somchaij **71** iStock/juliannafunk **71** iStock/3DMAVR **71** fotolia/amenic181 **71** iStock/Maksym Narodenko **71** iStock/yktr **71** */ILYA AKINSHIN **71** fotolia/Sea Wave **72** Thinkstock// **72** Thinkstock// paytai **72** */koosen **74** Thinkstock//Martinan **74** Thinkstock//Wavebreakmedia Ltd **74** */ Andrew Scherbackov **74** iStock/aopsan **74** Thinkstock//nayneung1 **74** fotolia/oasis15 **74** Thinkstock//akinshin **74** Thinkstock//Hemera Technologies **74** */photosync **74** Thinkstock// Wimage72 **75** hinkstock/karandaev **77** */Chris from Paris **77** */pathdoc **77** fotolia/guukaa **77** fotolia/JackF **77** */klevo **77** */Mega Pixel **77** iStock/carlosgaw **77** iStock/Larry Sherer **77** */ stockcreations **77** */Food1.it **77** Thinkstock//Magone **77** iStock/Carlos Gawronski **79** Thinkstock//Antonprado **79** iStock/Oleg Fedotov **79** iStock/esolla **79** */Hurst Photo **79** fotolia/ Timmary **79** */margouillat photo **79** fotolia/Christian Jung **79** */Valentyn Volkov **80** */Olga Nayashkova **80** fotolia/denira **80** fotolia/uckyo **80** fotolia/Markus Mainka **80** */Markus Mainka **80** */Viktor1 **80** fotolia/Marco Mayer **80** iStock/AndreyShtanko **80** Thinkstock// lewty92 **80** iStock/KatarzynaBialasiewicz **80** */Valentin Valkov **80** **i**Stock/KatarzynaBialasiewicz **82** Thinkstock//nito100 **82** fotolia/Viktor **82** */wavebreakmedia **82** IStock/imagestock **82** fotolia/Piotr Pawinski **82** Thinkstock//Thomas Northcut **82** fotolia/Nikolai Sorokin **82** fotolia/Ljupco Smokovski **82** iStock/s-cphoto **82** */Ruslan Kerimov **83** iStock/elenaleonova **83** */Sergey Mironov **83** */plprod **83** iStock/elenaleonova **83** Thinkstock//Anetlanda **83** fotolia/Picture-Factory **83** fotolia/Picture-Factory **83** fotolia/underdogstudios **83** */Tatiana Popova **83** fotolia/Marco2811 **83** */Mile Atanasov **83** */Mile Atanasov **85** fotolia/kasto **86** */Vipavlenkoff **86** */Tyler Olson **86** */SunnyStock **86** */Fedor Selivanov **86** fotolia/ Robert Kneschke **86** fotolia/xixinxing **88** */Vereshchagin Dmitry **88** fotolia/industrieblick **88** fotolia/Robert Kneschke **88** */Diego Cervo **88** fotolia/zinkevych **88** */Vladyslav Starozhylov **88** */Ariwasabi **88** fotolia/Dan Race **89** fotolia/lapas77 **89** */maradon 333 **89** */Humannet **89** /Chanyapatch Wongwiwat **89** fotolia/Minerva Studio **89** fotolia/pixarno **89** */JoannaTkaczuk **89** */Iakov Filimonov **92/93** */Ciprian Stremtan **94** */alexei_tm **94** */Ljupco Smokovski **94** */Ollyy **94** */Olga_Anourina **94** */Robert Red2000 **94** */xpixel **94** */picturepartners **95** fotolia/Tarzhanova **95** */Vlad Teodor **95** */Romariolen **95** */Anton Todorov **95** */ Michael Kraus **95** */AXL **97** */tkemot **97** */Khvost **97** */Olga Popova **97** */marylooo **97** */ Becky Starsmore **97** fotolia/Tarzhanova **97** */Surrphoto **97** */posteriori **97** */sagir **97** */Africa Studio **97** */humbak **97** */TerraceStudio **99** */Ruslan Kudrin **99** */Iulian Valentin **99** */Nadiia Korol **99** */Michael Kraus **99** */nikitabuida **99** */Valentin Valkov **99** */fotohunter **99** */ valzan **99** */Dario Lo Presti **99** */Ekaterina Pokrovsky **100** */Guas **100** */Efired **100** */Saklakova **100** */A. and I. Kruk **100** */Alexander Chaikin **100** */Mindy w.m. Chung **102** */AnnaTamila **102** */918 **102** */Suzanne Tucker **102** */Michal Durinik **102** */Nomad_Soul **102** */Dinga **102** */YuliiaKas **102** fotolia/ag visuell **102** */COLOMBO NICOLA **102** fotolia/frantic01010 **102** fotolia/Melpomene **102** fotolia/Hans und Christa Ede **104** fotolia/erserg **104** */Olesssia **104** */Nazzu **104** */sagir **104** */Evgeniy Kurt **104** */MARKABOND **105** */AGCuesta **105** */Africa Studio **105** */Gruffi **105** */LenaPl **105** */HomeStudio **105** */Everything **105** */Max Topchii **105** */Littlekidmoment **105** fotolia/blackday **105** fotolia/anoli **105** */Evan Lorne **105** fotolia/ mkrberlin **107** */StockLite **107** */Rido **107** fotolia/pio3 **107** */Brian A Jackson **107** fotolia/ doomu **107** */Tomislav Pinter **107** */Glovatskiy **107** */Singkham **107** */Everett Collection **107**

*/Andrey_Popov **107** */Kostenko Maxim **107** */Paul Michael Hughes **109** fotolia/Gina Sanders **110** */Syda Productions **112** */2shrimpS **112** */Umkehrer **112** */Tamerlan Aliyev **112** */Koldunov Alexey **112** */Stefano Cavoretto **112** */Omegafoto **112** fotolia/benschonewille **112** */Nerthuz **112** */Sebastian Kaulitzki **112** */Sebastian Kaulitzki **112** */Sergey Shenderovsky **112** */Photographee.eu **113** */Orla **114** */Pressmaster **114** */Monkey Business Images **114** */Vereshchagin Dmitry **114** */studio0411 **114** */Evlakhov Valeriy **114** */Andrey_Popov **114** fotolia/aytuncoylum **114** */megaflop **114** */Robert Kneschke **114** fotolia/Picture-Factory **114** fotolia/Kadmy **114** fotolia/Picture-Factory **116** */Dragon Images **116** fotolia/Antonioguillem **116** fotolia/Syda Productions **116** fotolia/benjaminnolte **116** fotolia/countrypixel **116** fotolia/Gerhard Seybert **116** fotolia/Alexander Raths **116** fotolia/miss_mafalda **116** fotolia/sudok1 **118** */Syda Productions **118** */Diego Cervo **118** */Syda Productions **118** */Csaba Deli **118** */Kaspars Grinvalds **118** iStock/Henfaes **118** */nd3000 **118** iStock/mheim3011 **118** iStock/Joel-Hageman **118** */Miriam Doerr **118** */pathdoc **118** */Swapan Photography **119** */Stuart Monk **119** iStock/Karen Mower **119** */Izf **119** iStock/simarik **119** iStock/phototake **119** Thinstock praisaeng **119** */Halfpoint **119** */tavizta **119** */Rui Serra Maia **119** */Roman Prokhorov **119** */sfam_photo **119** Thinkstock/DAJ **120** iStock/Christopher Futcher **120** fotolia/Andrey Popov **120** */gyn9037 **120** */Jeroen van den Broek **120** */Andrey_Popov **120** Thinstock Huntstock **120** Thinkstock/cyano66 **120** iStock/Wavebreakmedia **120** iStock/coramueller **120** iStock/Johnny Greig **120** Thinstock Wavebreakmedia **120** Thinstock Vstock LLC **121** iStock/KatarzynaBialasiewicz **121** */SEASTOCK **121** */Bejim **21** Thinstock Lowryn **121** */Photographee.eu **121** */wandee007 **121** Thinkstock/07photo **121** */Fineart1 **121** */lebTv **121** */joker1991 **121** */Billion Photos **121** */kryzhov **123** iStock/Djura Topalov **123** iStock/megaflopp **123** fotolia/torwaiphoto **123** iStock/nuiiko **123** iStock/phittavas **23** */hxdbzxy **123** iStock/Squaredpixels **123** fotolia/Syda Productions **123** */Blend Images **124** iStock/sudok1 **124** fotolia/Fxquadro **124** fotolia/RioPatuca Images **124** */pramot **124** */islandboy_stocker **124** */Africa Studio **124** iStock/franckreporter **124** */Microgen **124** iStock/simonkr **127** */potowizard **127** */SergeBertasiusPhotography **127** */Fer Gregory **127** fotolia/Photographee.eu **127** */franz12 **127** */conrado **127** */SantiPhotoSS **127** */Inked Pixels **127** fotolia/richardlyons **127** fotolia/borzywoj **127** fotolia/Michael Stifter **127** fotolia/illustrez-vous **128** */fluke samed **128** */macknimal **128** fotolia/lovegtr35 **128** */BestPhotoPlus **128** */Bertold Werkmann **128** */Asmus Koefoed **128** */Voyagerix **128** */charl898 **128** */My Good Images **128** */Gunnar Pippel **128** */Gunter Nezhoda **128** */Lukasz Janyst **129** */Monkey Business Images **129** */khemporn tongphay **129** */Irenaphoto **129** */Luca Montevecchi **129** fotolia/oksioma **129** */Marian Weyo **129** */Lisa S. **129** */Lukasz Siekierski **129** */roger ashford **129** */Claudiu Paizan **129** */Dmitri Ma **129** */Kzenon **131** fotolia/Africa Studio **132** */worradirek **132** */beeboys **132** */Taborsky **132** */Voronin76 **132** */Arena Photo UK **132** fotolia/Klaus Eppele **132** */Rex Wholster **132** */Pachai Leknettip **132** */carroteater **132** fotolia/Budimir Jevtic **132** */Olga Dmitrieva **132** fotolia/d1sk **134** */Fernando Sanchez Cortes **134** fotolia/Ruth Black **134** */SpeedKingz **134** fotolia/venemama **134** */Zerbor **134** fotolia/seanlockephotography **134** */Robyn Mackenzie **134** */MarcusVDT **134** */Lucky Business **134** */Faraways **134** fotolia/chaoss **134** fotolia/pitris **135** */Fesus Robert **135** */Glenn Price **135** */oksana2010 **135** fotolia/by-studio **135** fotolia/Markus Mainka **135** fotolia/silver-john **135** */Monkey Business Images **135** */Claudia Paulussen **135** fotolia/alexbrylovhk **136** */M. Unal Ozmen **138** */Korvit **138** */Korvit **138** */Korvit **138** */sergign **138** fotolia/coffeekai **138** */melis **138** fotolia/suksao **138** fotolia/suksao **138** fotolia/suksao **139** fotolia/SIAATH **141** */mrkornflakes **141** */suravid **141** */estherpoon **141** */Peter Fuchs **141** */TTstudio **141** */Romolo Tavani **141** */fotohunter **141** */Vibrant Image Studio **141** fotolia/magann **143** */vovan **144** */Agnes Kantaruk **144** */adim Georgiev **144** */Leonid Ikan **144** */NCAimages **144** */Artens **144** fotolia/HaiGala **144** */Det-anan **144** */SP-Photo **144** fotolia/Gundolf Renze **144** */Efired **144** */Eight Photo **144** fotolia/Smileus **145** */Delpixel **145** */Delpixel **145** */Delpixel **145** */Delpixel **145** fotolia/Christian Pedant **145** fotolia/TTstudio **145** gettyimages/Fuse **145** fotolia/pictureguy32 **145** fotolia/Elena Petrova **146** */VladFree **146** */yingko **146** */Minerva Studio **146** */Luckeyman **146** */Pixel Embargo **146** */Bacho Foto **146** */Billion Photos **146** */Nishihama **146** fotolia/uruXOX **146** */Grzejnik **146** fotolia/VRD **146** */Africa Studio **147** */Africa Studio **149** fotolia/adrian_ilie825 **149** */Gts **149** fotolia/pogonici **149** fotolia/jamesteohart **149** fotolia/adrian_ilie825 **149** */bikeriderlondon **152** */Marcos Mesa Sam Wordley **152** */Marcos Mesa Sam Wordley **152** */Marcos Mesa Sam Wordley **152** */Marcos Mesa Sam Wordley **152** */Marcos Mesa Sam Wordley **152** */Marcos Mesa Sam Wordley **153** */Andrei Shumskiy **153** */Jelena Aloskina **153** */Mykola Kravchenko **153** */Ilya Andriyanov **153** */Syda Productions **153** */Blaj Gabriel

PONS Sprachführer in Bildern

SPANISCH

Bearbeitet von: Almudena García Hernández,
Dr. Christiane Wirth, Anette Dralle, Inga Bertz

PONS verpflichtet sich, den Zugriff auf das zu diesem Buch ergänzende Download-Angebot mindestens bis Ende 2020 zu gewährleisten. Einen Anspruch der Nutzung darüber hinaus gibt es nicht.

1. Auflage 2017 (1,01 - 2017)
PONS GmbH, Stuttgart 2017

www.pons.de
E-Mail: info@pons.de

Projektleitung: Ursula Martini
Umschlaggestaltung: Anne Helbich
Umschlagfoto: Sonnenschirm: Shutterstock/Veniamin Kraskov;
Dünen: Shutterstock/Mette Brandt
Alhambra: Shutterstock/Kutlayev Dmitry;
Fächer: Shutterstock/PinkBlue
Logoentwurf: Erwin Poell, Heidelberg
Satz: Lumina Datamatics Ltd.
Logoüberarbeitung: Sabine Redlin, Ludwigsburg
Druck und Bindung: Publikum d.o.o.

ISBN 978-3-12-518013-0